Nadine Weihe (Hg.)

Dankbarkeit macht das Leben leichter

Nadine Weihe (Hg.)

Dankbarkeit macht das Leben leichter

Geschichten von großen und kleinen Geschenken im Leben

neukirchener aussaat

MIX
Papier aus verantwortungsvollen Quellen
FSC® C014138

Dieses Buch wurde auf FSC®-zertifiziertem Papier gedruckt. FSC (Forest Stewardship Council®) ist eine nicht staatliche, gemeinnützige Organisation, die sich für eine ökologische und sozialverantwortliche Nutzung der Wälder unserer Erde einsetzt.

Bibliografische Information der Deutschen Nationalbibliothek

Die Deutsche Nationalbibliothek verzeichnet diese Publikation in der Deutschen Nationalbibliografie; detaillierte bibliografische Daten sind im Internet über http://dnb.d-nb.de abrufbar.

Umschlaggestaltung: Henri Oetjen, Lemgo,
www.designbuero-oetjen.de,
unter Verwendung eines Bildes von © Fotolia
DTP: Breklumer Print-Service, Breklum,
www.breklumer-print-service.com
Verwendete Schriften: Matrix Script, Adobe Caslon Pro
Gesamtherstellung: FINIDR Printing House, Cesky Tesin
Printed in Czech Republic
ISBN 978-3-7615-6243-7 Print
ISBN 978-3-7615-6244-4 E-Book

www.neukirchener-verlage.de

Inhalt

Dankbar für Gottes Hilfe

Gary Cropley

Ein rettender Kuss

Wenn es einen Abend gab, an dem wir unbedingt und auf jeden Fall unsere Frauen zum Essen ausführen mussten, dann war es dieser. Durch die seltsamste Verkettung von Umständen, die ich je erlebt habe, hatten mein Freund und ich einen Entführer und Vergewaltiger verfolgt, gefasst und festgehalten, bis die Polizei da war und ihn festnahm. Aber das ist noch mal eine ganz andere Geschichte. In dieser Geschichte möchte ich von der Dankbarkeit erzählen, die mein Freund und ich Gott gegenüber empfinden, und zwar nicht nur für seinen Schutz in den vorausgegangenen Stunden, sondern auch dafür, dass er uns unsere beiden wundervollen Frauen geschenkt hat.

Wir verbrachten ein gemeinsames Wochenende, das schon lange geplant gewesen war. Wir vier waren gespannt auf diese Zeit inmitten der atemberaubend wilden Landschaft in Oregon im Nordwesten der USA. Wir freuten uns nicht nur auf das Wandern, Reiten und das gemeinsame Essen, sondern auch auf Gespräche, gemeinsames Lachen und Gebet, um dann aufgetankt mit Gottes Liebe und der

Liebe unserer Freunde wieder nach Hause zurückzukommen.

Das Essen an diesem Abend in dem Restaurant, das wir ausgesucht hatten, ließ keine Wünsche offen. Als wir danach wieder zu unserer Hütte zurückfuhren, war auch der letzte Rest von Anspannung, der vielleicht zu Beginn des Abends noch zu spüren gewesen war, verschwunden. Wir waren wieder ganz die Alten. Wir lachten über Witze und verhielten uns wie immer. Diesen Moment wollte ich angemessen würdigen und feiern, und deshalb fuhr ich kurz rechts heran und verkündete, es sei jetzt Zeit, unsere wunderbaren Frauen zu küssen – und das taten wir dann auch.

Als wir kurz darauf weiterfuhren, mussten wir alle lachen. Doch schon ein paar Minuten später wurde es plötzlich totenstill im Wagen, denn, wir trauten kaum unseren Augen, die Straße vor uns – genau die Straße, auf der wir noch ein paar Stunden zuvor zum Restaurant gefahren waren – war völlig versperrt. Quer über der Straße lag ein mindestens vier oder fünf Meter hoher Berg aus nasser Erde und Geröll. Der Erdrutsch war ganz knapp an einem Haus vorbeigegangen, aus dem im selben Augenblick eine Frau herausgestürzt kam.

„Ist alles in Ordnung? Niemand verletzt?", fragte sie uns. „Sie sind doch nicht von dem Erdrutsch getroffen worden, oder?"

Wir müssen sehr verwirrt ausgesehen haben, denn die Frau trat an unser Auto und sagte: „Es ist gerade eben vor ein paar Sekunden passiert. Haben Sie den Erdrutsch nicht gesehen?"

Wir waren völlig geschockt. Wenn wir nicht angehalten hätten, um uns zu küssen, dann wären wir genau in dem Augenblick bei dem Haus gewesen, als die Erde abrutschte. Dann wären wir entweder unter all der Erde verschüttet gewesen oder von der Straße den Berg hinuntergeschoben worden. Und in beiden Fällen hätte das wohl unseren sicheren Tod bedeutet.

Es dauerte über eine Stunde, bis wir über eine Umleitung wieder zu unserer Hütte kamen. Unterwegs trafen wir einen Arbeiter von der Straßenwacht, der uns berichtete, wie gewaltig der Erdrutsch gewesen sei. Er fragte, wohin wir unterwegs seien und ob es uns etwas ausmache, dort ein paar Warnhinweisschilder aufzustellen. Als wir endlich unsere Hütte erreichten, war es schon dunkel und es regnete so stark, dass wir die Umgebung nicht mehr genau erkennen konnten. Wir nahmen einfach die Schilder und steckten sie an die erstbeste Stelle, von der wir glaubten, dass sie dort gut sichtbar waren, und dann gingen wir ins Haus.

Am nächsten Morgen gab es reichlich Gesprächsstoff. Wir unterhielten uns über den Kuss, den Erdrutsch und wie knapp wir der Katastrophe entronnen waren. Nach dem Frühstück machten wir uns noch einmal auf den Weg zu der Stelle, wo die Straße ganz weggerissen worden war. Als wir um die letzte Biegung vor der besagten Stelle kamen und aus dem Auto stiegen, blieben wir alle wie angewurzelt stehen. Wir sahen den Erdrutsch, der die Straße versperrte, aber wo war der Rest des Berges unterhalb der Straße? Er war nicht mehr da – er war einfach weggerissen worden. Der Erdrutsch war doch erheblich stärker gewesen, als wir gedacht hatten, und die Straße war dadurch völlig unterhöhlt worden. Es sah aus, als ob ein Riese einmal kräftig hineingebissen und nichts übrig gelassen hätte als eine dünne Scheibe Straßenbelag auf einer noch dünneren Erdsäule.

Weil es so dunkel gewesen war und wir es eilig gehabt hatten, nach Hause zu kommen, hatten wir das gar nicht bemerkt. Als wir am Vorabend den Wagen vor dem Hindernis auf der Straße gewendet hatten, konnten nur Zentimeter zwischen den Hinterreifen unseres Wagens und dem gähnenden Abgrund gelegen haben. Doch wir waren verschont worden. An einem einzigen Abend waren wir mehrmals um ein Haar einer Katastrophe entronnen!

Heute, einige Jahre später, bin ich froh, sagen zu können, dass meine Wochenenden erheblich ruhiger verlaufen. Aber ich denke oft an diesen Kuss zurück und möchte andere ermutigen, auf die kleinen Impulse zu achten, die von Gott kommen. Man weiß nie, wovor sie einen bewahren oder wohin sie einen führen können. Manchmal sind sie ganz offensichtlich, manchmal auch kaum wahrzunehmen. Manchmal können wir anderen Menschen helfen, wenn wir auf die Impulse hören, aber manchmal sind wir auch diejenigen, die bewahrt werden. Wie auch immer solche Situationen ausgehen, unser Gott ist immer da und möchte eine immer engere Beziehung zu uns haben.

Hanna Ahrens

Der alte Bücherschrank

Immer hoffe ich auf etwas Gutes. Anders könnte ich gar nicht leben. Ich hoffe für unsere Kinder, für meinen Mann und mich, dass wir glücklich und bewahrt bleiben. Wenn ich in die Stadt fahre, hoffe ich auf ein Schnäppchen. Wenn ich arbeite, auf gutes Gelingen. Aber am stärksten hoffe ich, dass mir vom Himmel her immer neu etwas Gutes, Überraschendes zufällt, etwas, das mir neue Lebenskraft und Freude schenkt. Und wenn es dann geschieht, ist es oft viel alltäglicher als erwartet.

Ich war in einer kleinen Stadt südlich der Elbe. Die Landfrauen hatten mich zu einem Vortrag eingeladen. Anschließend – weil noch etwas Zeit war – lief ich durch die Fußgängerzone, um Brot, Salat und Hundefutter zu kaufen. Vor dem Schaufenster eines Antikladens blieb ich stehen. Dieser Bücherschrank da ... wunderschön! – er faszinierte mich auf Anhieb. Lange schon war ich auf der Suche nach einem solchen Schrank. Das alte Kirschholz hatte so einen warmen Glanz.

Ich weiß nicht, wie ich in den Laden hineingekommen bin (wahrscheinlich durch die

Tür), aber plötzlich stand ich davor und ließ meine Finger über das Holz gleiten. „Kann ich Ihnen helfen?“, fragte eine Stimme hinter mir.

Ich sagte, ohne den Blick vom Schrank abzuwenden: „Ich glaube, mir ist nicht mehr zu helfen. Ich habe mich in diesen Schrank verliebt!“ Das war natürlich ganz falsch. Ich hätte sagen sollen: „Was soll denn dieses wackelige Ding da kosten?“ Zu spät!

Mit leuchtenden Augen nannte der Ladenbesitzer einen Preis, der mich rückwärts wieder zur Tür hinaustrieb. Ich würde es mir überlegen. Und eigentlich wollte ich ja auch nur Brot, Salat und Hundefutter kaufen.

Die Besorgungen waren schnell erledigt. Ich war gar nicht bei der Sache. Es zog mich zu meinem Schrank zurück. Wir verhandelten erneut, diesmal ernsthaft und wurden uns einig. Der Schrank musste noch restauriert werden, in drei Wochen könnte ich ihn haben.

„Gut, wir holen ihn ab!“ Ich konnte mein Glück kaum verbergen. Von nun an lebte ich meinem Schrank entgegen.

Zum Abholen – schwarzer Blazer, roter Seidenschal – begleitete mein Mann mich. Der Schrank war schön. Fast so schön wie in meinen Träumen. Aber er passte nicht ins Auto, und wegen des Regens konnten wir auch nicht mit offener Heckklappe fahren. Herr Ludwig bot an, ihn zu bringen. In vierzehn Tagen käme er sowieso nach Hamburg. Weitere zwei Wochen warten!

Für die geschäftlichen Dinge gingen wir zu seinem Schreibtisch, der mitten im Laden stand. Dort lag – zu meiner Überraschung eine große Bibel, daneben ein Stapel christlicher Bücher. Herr Ludwig hatte inzwischen erfahren, dass wir Theologen waren, und so griff er beim Abschied nach einem der Bücher: „Hier! Das ist für Sie ... Ich lese es immer wieder, es bedeutet mir viel!"

„Danke, vielen Dank!"

Auf der Rückfahrt – mein Mann saß am Steuer – blätterte ich darin, schon um meine Schrankenttäuschung zu überwinden. Ich dachte: ein altes Buch, veraltete Sprache ... nicht mein Ding! Aber aus Höflichkeit las ich weiter. Meine Abneigung wuchs. Aber dann fand ich im Kleingedruckten einen Abschnitt von Stanley Jones, einem früheren Indienmissionar, wo es hieß, unser Leben müsse Hingabe sein, Hingabe an Christus, immer wieder.

Dieser Satz traf mich tief. Erinnerte Gott mich hier an etwas, was ich bei all meiner Arbeit verloren hatte? Ich war tief glücklich und konnte auf der ganzen Fahrt nichts anderes denken. Gottes Reden mit uns: eine Quelle der Freude und Hoffnung. Der Hoffnung nämlich, dass Gott in seiner Treue nicht aufhört, mich zu fragen, zu erinnern, zu ermutigen. Und all das geschieht ganz unscheinbar – im Kleingedruckten eines Buches, das mir jemand schenkt, weil ich einen Bücherschrank gekauft hatte, der so einen warmen Glanz besaß.

Elisabeth Währisch

Eine sichtbare Führung

Ich ärgerte mich.

Sonst saß ich – Studentin im dritten Semester – im Seminar immer hinten auf meinem Stammplatz, zusammen mit meinen Freunden. Aber an diesem Tag hatte ich eine Einladung angenommen, wir hatten uns ein wenig „verplaudert", und nun kam ich im letzten Moment. Mein Stammplatz war schon besetzt, und ich konnte nur ganz vorne noch einen Platz finden. Dabei war ich schlecht vorbereitet und hätte mich lieber ein bisschen unsichtbar gemacht.

Das Seminar hatte noch nicht begonnen. Alle redeten durcheinander, während ich von dem eiligen Lauf noch einen Moment verschnaufen wollte. Plötzlich sprach mich meine Nachbarin an: „Können Sie bitte mir helfen?" Sie zog einen Stadtplan aus der Tasche und suchte eine bestimmte Straße. Ich wurde aufmerksam. Sie sprach mit einem merkwürdigen Akzent. Ich half ihr suchen und fragte sie: „Woher kommen Sie? Sie sind doch keine Deutsche?" – „Ich bin aus Finnland", erklärte sie, „und ganz neu hier. Ich noch spreche etwas schlecht Deutsch und kenne mich noch nicht so aus." Wir mussten das Gespräch abbrechen, denn das Seminar begann. Ich merkte, so ganz gut konnte sie dem Unterricht noch nicht folgen. Sie tat mir leid.

„Ich kann Ihnen vielleicht ein bisschen helfen. Wollen Sie mich morgen Nachmittag mal besuchen?", fragte ich sie nach der Stunde. Sehr fröhlich und erleichtert, wie mir schien, sagte sie zu. Am nächsten Nachmittag richtete ich einen Kaffee und erwartete meinen Gast. Über ihr ganzes rundliches Gesicht strahlend betrat die Finnin mein Studentenzimmer. Es wurde ein netter Nachmittag. Sie kam aus dem äußersten Norden Finnlands, aus einem Ort, an dem sechs Monate im Jahr Winter ist. „Von Oktober bis März bin ich immer mit Skiern in die Schule gefahren", erzählte sie. Ich war froh, dort nicht wohnen zu müssen. Aber sie kannte es ja nicht anders. Sie liebte ihre Heimat und war nun nach Göttingen gekommen, um hier Deutsch und Englisch zu studieren. Ich lernte eine Menge über Finnland und konnte ihr viel über Deutschland erzählen. An diesem Nachmittag ging mir auf, dass für sie jetzt nichts nötiger war als eine nette Gemeinschaft. Sie sah auf die Uhr: „Oh, es wird Zeit, ich muss gehen."

Als sie ihre Jacke anzog, lud ich sie ein: „Ich besuche öfter eine christliche Studentengruppe. Hätten Sie Lust, einmal mitzukommen?"

Sie sah mich an. Ich wusste nicht, warum sie auf einmal so erstaunte Augen machte. Sie atmete tief durch. „Sind Sie Christ?", fragte sie mich gespannt. Ich bejahte, da fiel sie mir fast um den Hals. „Wir müssen uns noch mal hinsetzen", sagte sie, „ich muss meine Freude erklären." Und dann erzählte sie: „Ich bin auch Christ und hatte furchtbare Angst, nach Deutschland zu gehen. Man hat mir gesagt, dass hier nicht mehr viele Menschen glauben. Ich habe großes Heimweh, denn ich bin zum ersten Mal so weit fort von zu Hause. Und nun habe ich einfach schon in Finnland gebetet: ‚Gott, zeige mir doch, wo ich in Deutschland Christen finden kann.' Und kaum bin ich einen Tag hier, da laufen Sie mir über den Weg und laden mich ein ..." Sie konnte sich gar nicht fassen.

Und ich musste staunen, wie Gott meine Verspätung dazu benutzte, einer heimwehkranken Ausländerin Freude zu bereiten.

Walter Feldkirch

War es ein Engel?

Man schrieb das Kriegsjahr 1943. Am Rande unseres Grundstücks stand ein sogenanntes „Rauchhaus“, ein ehemaliges Landarbeiterhaus. Es hatte keinen Schornstein, damit der durch die Dielentür abziehende Rauch Würste und Schinken an der Dielendecke räucherte.

Dieses Haus stand leer, und ich hoffte, meine in Hamburg ausgebombten Eltern dort unterzubringen. Wir freuten uns, nach Jahren wieder ein gemeinsames Weihnachtsfest feiern zu können.

Eines Morgens – es war kurz vor Weihnachten – stand ein Lastwagen, mit Hausrat hoch beladen, vor dem Rauchhaus. Aus dem Auto stieg ein Ehepaar, das versuchte, in das Haus zu gelangen.

Tief erschrocken beobachtete ich das Geschehen von meinem Küchenfenster aus. Nachdem sie sich vergebens bemüht hatten, die Tür zu öffnen, kamen sie zu mir, zeigten den Einweisungsschein und fragten nach dem Schlüssel.

Aber wir hatten keinen Schlüssel, weil die Tür nie verschlossen wurde.

Nach einem weiteren vergeblichen Versuch fuhr die Familie enttäuscht und verärgert zum Bürgermeister, der ihnen daraufhin eine andere Unterkunft zuwies.

Unterdessen ging ich zu dem Rauchhaus, weil es mir unverständlich war, dass die Tür verschlossen sein sollte.

Ich fasste den Türgriff an und – öffnete mühelos die Tür.

„Was bedeutet das?“, fragte ich leise betend.

Am nächsten Tag bekam ich ein Telegramm, dass meine Eltern auf dem Wege zu mir waren.

Daraufhin gab mir unser Bürgermeister einen Einweisungsschein, und gegen Abend bezogen Vater und Mutter das Rauchhaus. Da beide pflegebedürftig waren, konnte ich sie nun betreuen und mit allem Notwendigen versorgen. Wie wunderbar hatte Gott alles geordnet! Unter dem Weihnachtsbaum konnten wir gemeinsam Gott dafür danken.

So hat es meine Frau erlebt und aufgeschrieben.

Wess Stafford

Nachbarschaftshilfe

Wenn der Schneesturm tobt und der Wind ums Haus pfeift, dann ist jeder froh, der in seinem warmen Haus bleiben kann. Herb Gilbey ging es an jenem Abend im Jahr 1918 nicht anders, als ein Schneesturm über den US-Bundesstaat South Dakota hinwegfegte. Er war ausgesprochen zufrieden damit, sich an einer Tasse heißer Schokolade zu wärmen und aus dem Fenster zu schauen.

Aber dann hörte er ein Klopfen an der Tür. Sein Nachbar, ein Apotheker, war überraschend zu ihm herübergekommen. „Komm rein, komm schnell ins Warme!“, sagte Herb und schob seinen Freund ins Wohnzimmer.

Als der Nachbar seinen Schal von seinem Kopf abwickelte, erkannte Herb sofort, dass es ihm nicht gut ging. Ihm war bekannt, dass der Mann derzeit sehr viel arbeiten musste, weil überall in der Stadt Menschen an einer schweren Grippe erkrankt waren. In der Zeitung hatte gestanden, dass derzeit zwanzig Millionen Amerikaner erkrankt und Tausende bereits gestorben waren.

„Ist mit dir alles in Ordnung?“, fragte Herb besorgt.

„Ja, danke, es geht schon“, antwortete der Mann eilig. „Aber Pinky“ – das war der Spitzname seines siebenjährigen Sohnes –, „den hat es richtig schwer erwischt. Jetzt ist noch eine Lungenentzündung dazugekommen. Ich bin mir nicht sicher, ob er durchkommen wird ...“ Die Stimme des Vaters brach, während er den letzten Satz hervorbrachte.

„Oh nein!“, stöhnte Herb. „Können wir irgendwie helfen?“

„Nun ... deshalb bin ich hier“, antwortete der Apotheker. „Es gibt ein neues Medikament, das zwar noch getestet wird, aber scheinbar hervorragend bei Lungenentzündung wirkt. Doch ich habe es nicht. Der nächste Ort, wo man es erhalten kann, ist in einer großen Apotheke in Minneapolis. Ich wollte fragen ...“ Seine Stimme versagte.

Herb sah seinem Nachbar in das gerötete Gesicht. Dieser Mann war keinesfalls in der Lage, die vierhundert Kilometer nach Osten zu fahren und dann dieselbe Strecke zurück zu bewältigen. Selbst für einen Gesunden war eine solche Reise bei diesem Wetter eine Qual.

Aber er konnte doch nicht zulassen, dass Pinky dieser Krankheit erliegen würde. Herb dachte noch einmal nach, dann meinte er: „Gut, ich versuche es. Kannst du mir die genaue Adresse sagen?“

Herb Gilbert ging zu seinem Ford Modell T und fuhr in die Kälte. Eine Heizung gab es nicht. Schon bald war er auf der holprigen, überwiegend noch unbefestigten Straße, die zur Bundesstraße nach Minnesota führte. Er fuhr die ganze Nacht durch den Schneesturm, selten konnte er schneller als fünfzig Stundenkilometer fahren. Im Morgengrauen kam er in der großen Stadt an, fand die Apotheke, erhielt das Medikament und fuhr damit direkt zurück nach South Dakota.

Pinky überlebte.

Herb Gilbert starb in hohem Alter und war immer dankbar dafür, dass er seinem Nachbarjungen damals hatte helfen können. Allerdings konnte er nicht mehr miterleben, wie Pinky eine wichtige Figur in der amerikanischen Öffentlichkeit wurde – als US-Senator und Vizepräsident der Vereinigten Staaten. Jetzt war er nur noch unter seinem vollen Namen bekannt: Hubert H. Humphrey.

Wieland Schmid

Mein 23. Psalm

„Wie war das eigentlich zu Ihrer Zeit?"

Ich war auf eine solche Frage nicht vorbereitet. Bekannte hatten mich zu einem gemütlichen Beisammensein eingeladen, das sie im Anschluss an die Feier ihrer silbernen Konfirmation veranstalteten. Ich hatte gerne zugesagt. Es tut gut, einmal Ältester in einem Kreis von Menschen zu sein, weil man dadurch selbst um etliche Jahre jünger wird. Auch wenn es sich nur um wenige Stunden handelt. Auf die Frage hin brauchte ich etwas Zeit zum Nachdenken. Die andern halfen nach. „Wie war das denn damals, als Sie im Konfirmationsunterricht saßen? Sicher mussten Sie sehr viel mehr auswendig lernen als wir."

Langsam kehrte die Erinnerung zurück. „Ja", sagte ich, „zu meiner Zeit wurde auf das Auswendiglernen großen Wert gelegt. Übrigens sehr zu meinem Leidwesen. Wenn es möglich gewesen wäre, dann hätte ich mich auf der Stelle bei unserem ziemlich strengen Pastor Bernhard abgemeldet. Auswendig lernen, wozu auch? Man konnte ja alles nachlesen, was man brauchte.

Und würde ich das hier Gelernte jemals brauchen? Ganz sicher nicht! So dachte ich damals, und am liebsten hätte ich mich von der ganzen Schule abgemeldet. Wie schwer tat ich mich ja auch in anderen Bereichen, etwa mit Schillers ‚Glocke', mit dem ‚Ring des Polykrates' und manchem anderen! Doch es hieß, sich ins Unvermeidliche zu schicken und irgendwie durchzuhalten.

Ich sagte, unser Pastor Bernhard sei ein strenger Herr gewesen, und sicher war das in gewisser Weise auch so. Auf der anderen Seite war er ein gütiger Mensch mit viel Verständnis für mein schwaches Gedächtnis. Eines schönen Tages nach der Konfirmandenstunde nahm er mich beiseite. ‚Junge', sagte er, ‚vielleicht trifft auf dich das Wort aus der Bibel in etwas abgewandelter Form zu, wonach der Geist zwar willig, aber leider ein wenig schwach ist. Hoffentlich wird sich das mit der Zeit bessern.'

Sicher hatte er recht. Wenn es ans Aufsagen ging, begann für mich das große Zittern und Stottern. Die zwölf Apostel, ach du liebe Zeit! Die Zehn Gebote brachte ich total durcheinander und manche standen auch in totalem Gegensatz zu meinen Eigenschaften. Ich begehrte zum Beispiel gar manches, was andere besaßen, und die Sache mit dem falschen Zeugnis wider meinen Nächsten ... na, lassen wir das nach der langen Zeit dahingestellt. Heute würde man in solchen Fällen von einer ‚Freud'schen Fehlleistung' sprechen.

‚Das Vaterunser', fuhr Pastor Bernhard nach kurzem Nachdenken fort, ‚geht ja so einigermaßen, das Glaubensbekenntnis braucht eben seine Zeit, und die Zehn Gebote, nun ja. Aber versprich mir eines: Lerne den 23. Psalm.'

‚Wie geht der denn?', erkundigte ich mich etwas misstrauisch. Pastor Bernhard lächelte. Dann sprach er ihn mir vor und ich atmete auf. Dieser Psalm war relativ kurz und vor allem der Anfang sagte mir sehr zu: ‚Der Herr ist mein Hirte, mir wird nichts mangeln ...' Das entsprach ganz meiner inneren Einstellung. Mangel leiden wollte ich auf gar keinen Fall! Dennoch kostete es mich manche Mühe, mir die Verse einzuprägen, und als ich sie dem Pastor vortrug, ging es nicht ganz ohne Stottern ab. Doch er war so einigermaßen zufrieden und ich war es auch. Ich hatte meine Aufgabe erfüllt und alsbald waren die Verse vergessen. So dachte ich. Aber eines Tages erfuhr ich, dass das, was einmal tief in unser Innerstes gedrungen ist, nicht wieder herausfallen kann." –

„Es war ganz zum Ende des Krieges", fuhr ich nach einer kleinen Pause fort. „In einer lauen Nacht Anfang Mai in unserer Kaserne in Prag, fast ringsum von Feinden umgeben, gaben wir nicht mehr viel für unser Leben. Und gerade in dieser Nacht, beim Schein einer zitternden Kerzenflamme, wurde plötzlich etwas in mir wach, eine ganz leise, zarte Stimme meldete sich da irgendwo in meinem Innersten. Wie aus einer weiten Ferne, und doch ganz deutlich vernahm ich die Worte: ‚Der Herr ist mein Hirte ...' Meine Lippen formten nach, was mir innerlich gewissermaßen vorgesagt wurde, Vers für Vers, ohne auch nur einmal zu stocken. Einige meiner Kameraden horchten auf, sie legten ihre Spielkarten beiseite, zogen Hocker heran und setzten sich in einem Halbkreis um mich, während ich die Worte ganz langsam sprach: ‚Und ob ich schon wanderte im finstern Tal, fürchte ich kein Unglück, denn DU bist bei mir ...'

Am nächsten Morgen verließen wir Prag. In einer endlosen Kolonne zogen Zehntausende von Menschen, Soldaten und Zivilisten den amerikanischen Vorhuten entgegen, die zwischen Pilsen und Prag haltgemacht hatten. In meinem Herzen war ein einziger großer Dank.

Und während ich die Worte dieses Psalms immer wieder in mich hineinsprach, fühlte ich, wie mir Kraft zuströmte, die mich alles ertragen ließ. Ich bin sicher, dass die Dankesworte, die aus meinem Herzen aufstiegen, auch Pastor Bernhard erreicht haben, obwohl er damals schon seit einigen Jahren nicht mehr am Leben war."

Elisabeth Währisch

Und das waren Ausländer

Es war einer dieser hektischen Montagmorgen, wie ich sie oft erlebte. Um das Wochenende mit meiner Familie wirklich zu einer erholsamen Pause zu machen, hatte ich vieles liegen gelassen, was nun nachgeholt werden musste. Unsere Jüngste stand schon gestiefelt und gespornt in der Haustür, schlenkerte ihre Kindergartentasche herum und rief: „Mama, kommst du jetzt? Wir müssen doch in den Kindergarten."

Ich raffte in Eile den Einkaufskorb und das Geld zusammen, bediente noch einmal das gerade jetzt klingelnde Telefon und gab Auskunft, nahm meine Tochter an die Hand und verließ das Haus. „Ja, du hast recht, es wird wirklich Zeit." Draußen warteten schon vier fröhliche Nachbarskinder. Ich öffnete die Autotür und ließ die munter redende Schar einsteigen. Der Kindergarten lag ganz am andern Ende unseres Bezirks, so waren die andern Eltern froh, dass ich ihre Kinder mitnehmen konnte. Am Kindergarten ließ ich die Rasselbande aussteigen und brachte sie vorsichtshalber bis an die Tür. Ein letztes Winken und Auf-Wiedersehen-Rufen –, dann waren die Kinder verschwunden. Es war ein kalter, klarer Morgen. Ich eilte zum Auto, um mein Morgenprogramm fortzusetzen. In der Eile aber übersah ich eine gefrorene Pfütze am Straßenrand. Ehe ich mich versah, rutschte ich mit beiden Füßen nach vorne weg und schlug mit dem ganzen Körper rücklings der Länge nach aufs Straßenpflaster. Ein irrsinniger Schmerz ging durch meine Wirbelsäule, ich lag da und dachte: „Nie wieder wirst du gehen können." Der Atem blieb mir weg, ich konnte mich nicht rühren.

Als ich meine Gedanken wieder ein bisschen sammeln konnte, sah ich in kurzer Entfernung eine Bushaltestelle. Dort standen einige Leute und sahen interessiert zu mir hinüber. Ich hoffte auf Hilfe, aber niemand rührte sich von der Stelle. Fürchteten sie, ihren Bus zu verpassen?

Da lag ich nun mitten auf der Fahrbahn, völlig hilflos und unfähig, alleine wieder hochzukommen. Plötzlich kam ein Auto herangebraust. Der Fahrer bremste ruckartig ab und brachte den Wagen kurz vor mir zum Stehen. Zwei Ausländer sprangen heraus, wohl Türken. Sie kamen zu mir und radebrechten: „O, wehgetan, wir helfen." Sie versuchten, mir beim Aufstehen zu helfen; als es nicht ging, trugen sie mich vorsichtig in den Kindergarten, wo sie mich auf eine Bank legten. Sie unterrichteten kurz die Kindergärtnerinnen, riefen mir zu: „Gute Besserung“, und verschwanden wie der Blitz wieder nach draußen. Sie hatten es offensichtlich eilig, zur Arbeit zu kommen. Ich konnte, weil ich unter Schock stand, noch nicht wieder sprechen, konnte ihnen kein Dankeschön sagen.

Als ich später im Behandlungszimmer lag und auf den Arzt wartete, ging mir die biblische Erzählung vom barmherzigen Samariter nicht mehr aus dem Sinn. Ich, die ich zwar nicht unter die Räuber, aber auf dem Glatteis gefallen war, kann meine Geschichte, so wie Jesus sein Gleichnis, auch nur so beenden: „Die, die da halfen, das waren Ausländer, Moslems, Menschen, die von vielen über die Schulter angesehen werden. Sie sahen und halfen – ganz selbstverständlich und ohne Dank.“ Diesen Dank abzustatten an die unbekannten Helfer – das ist der Grund für diese Geschichte.

Misty L. Kerl

Wildes Winken im Auto

Ich hatte einige Besorgungen erledigt und war mit dem Auto auf dem Weg nach Hause. Vor mir fuhr ein großer Geländewagen, in dem eine Familie mit drei Jungs saß, die vermutlich zu einem Ausflug aufgebrochen war.

Ich erinnerte mich an meine eigene Kindheit, als meine Mutter hinter dem Steuer saß und wir Kinder, umgeben von Proviant und lauter Gepäck, ständig fragten: „Sind wir bald da?“ Alle Eltern kennen das. Diese Ausflüge waren sehr schöne Momente meiner Kindheit.

Die drei Kinder vor mir hatten sich jetzt alle zu mir umgedreht und beobachteten mich. Ich erinnerte mich daran, wie meine Brüder, meine Schwester und ich immer versuchten, die anderen Autofahrer dazu zu bringen, uns zu winken. Die meisten waren so auf das Fahren konzentriert, dass sie uns gar nicht wahrnahmen. Andere runzelten die Stirn oder nickten uns kurz zu. Wenn uns aber jemand tatsächlich winkte, dann jubelten wir laut und winkten heftig zurück.

Plötzlich wollte ich den Kindern vor mir unbedingt winken und tat es auch. Alle drei lächelten und winkten zurück. Nun lächelte ich auch. Die Kinder drehten sich zu ihren Eltern um, wahrscheinlich berichteten sie jetzt von unserem Wink-Spiel. Dann wandten sie sich mir erneut zu und wir winkten einander immer wieder zu. Es war eine schöne Zeit und ich musste lachen.

Einige Minuten lang machten wir so weiter. Dann beschloss ich, mich wieder auf meine Fahrt zu konzentrieren, gab Gas und überholte den Geländewagen. Ein letztes Mal lächelte ich den Kindern zu und winkte ihnen, während ich links an ihnen vorbeizog.

Doch damit war die Geschichte noch nicht zu Ende. Die Familie und ich fuhren bei derselben Autobahnausfahrt ab. Nun winkte der Vater mir und bedeutete mir, ich solle rechts heranfahren. Sofort wurde ich nervös. Meine Mutter hatte mir immer eingeschärft, Fremden gegenüber nur mit äußerster Vorsicht zu begegnen. Doch ich wusste, dass wir ganz in der Nähe einer Mautstelle waren, und das gab mir ein Gefühl der Sicherheit, sodass ich anhielt.

Der Vater stieg aus und kam zu meinem Wagen. Ich kurbelte mein Fenster hinunter und sah in sein breites Lächeln. „Ich bin Bill“, sagte er, „ich reise mit meiner Schwester und meinen drei Söhnen einmal quer durchs Land. Meine Frau starb vor Kurzem und meinen Jungs geht es nicht gut. Ich möchte Ihnen ganz herzlich danken für das, was Sie für uns getan haben."

Unsicher deutete ich an, dass ich nicht sicher sei, wovon er redete.

„Meine Jungs waren die ganze Fahrt über sehr schlecht drauf, bis Sie anfingen, ihnen zuzuwinken. Da veränderte sich endlich ihre Stimmung. Sie haben durch eine kurze Geste etwas Entscheidendes bei meinen Kindern verändert. Dafür und für Ihre Freundlichkeit möchte ich Ihnen danken."

Lächelnd erwiderte ich: „Meine Mutter starb vor drei Jahren. Durch Sie und Ihre Söhne fühlte ich mich wieder in die schöne Zeit mit ihr zurückversetzt. Ich danke Ihnen, dass Sie mich wieder an jene Jahre erinnert haben, in denen wir als Familie auf den Autobahnen unterwegs waren und so viel Spaß zusammen hatten. So haben Sie und Ihre Söhne mir auch eine Freude gemacht."

Ich wünschte ihm alles Gute und verabschiedete mich. Dann fuhr ich an seinem Wagen vorbei, während er zu seiner Familie zurückging. Ein letztes Mal winkte ich den Kindern, sie lächelten und winkten zurück.

Kurz nach dem Tod meiner Mutter konnte ich mir gar nicht vorstellen, jemals wieder froh zu werden. Wann immer ich an sie dachte, weinte ich. Mittlerweile lächle ich beim Gedanken an sie. Außerdem habe ich mir fest vorgenommen, nie so verbissen am Steuer zu sitzen, dass ich die Kinder nicht bemerke, die mir zuwinken.

Bernd Bierbaum

Die Migräne ist weg

Ich kannte die Frau schon lange. Vor ca. 20 Jahren kam sie zu mir und bat mich, dass wir für sie beten. Lassen wir sie selbst erzählen: „Jahrzehntelang hatte ich Migräne, genau genommen seit meinem 17. Lebensjahr. 30 Jahre lang habe ich alles versucht, um meine Migräne loszuwerden. Ich habe sämtliche Tablettensorten und alles Menschenmögliche probiert. Nichts half. Oft hatte ich schon am Dienstag meine gesamte Wochenration an Tabletten verbraucht. Ich wusste einfach keinen Ausweg mehr. Nach langem Überlegen und Beten bat ich meinen Pastor und einen der Kirchenvorsteher meiner Gemeinde, mir die Hände aufzulegen und für mich zu beten. Das haben sie getan, und es hat mir augenblicklich geholfen. Ich mochte es erst gar nicht richtig glauben, aber die Migräne war wirklich weg. Das ist jetzt fast 20 Jahre her. Seitdem habe ich keine Migräne mehr. Dafür bin ich meinem Herrn Jesus Christus sehr dankbar und preise ihn."

Axel Kühner

Der dankbare Hund

Eines Tages war der Spanier José Garcia in der Nähe von Valencia beim Beerensammeln. Da kam ein streunender Hund auf ihn zugelaufen, umkreiste ihn, sprang an ihm hoch und verhielt sich so auffällig, dass José schließlich seinen Eimer abstellte und dem Hund folgte. Der führte ihn auf ein Bahngleis zu, wo ein kleines Mädchen so unglücklich mit einem Fuß zwischen Gleis und Schotter eingeklemmt war, dass es sich nicht mehr allein befreien konnte. José Garcia versuchte nun, den Fuß zu befreien, aber vergeblich. Da hörten sie den Zug heranbrausen, José rannte ihm entgegen und konnte dem Lokführer bedeuten, den Zug zu stoppen. Aufgeregt sprang der Lokführer herab, und mit vereinten Kräften konnten sie dann den Fuß des Mädchens aus seiner misslichen Lage herauslösen.

Als der Hund die drei Glücklichen umsprang, erzählte das Mädchen den beiden Männern, dass sie kurz vor ihrem Missgeschick ihr Butterbrot mit dem streunenden Hund geteilt hatte.

Ein dankbares Herz

Hanna Ahrens

Wie gut habe ich es!

Schon wieder ist es zwölf Uhr mittags. Ich muss aufhören – gerade, wo ich mitten in der Arbeit bin. Ich muss das Mittagessen kochen. Ich bin ärgerlich und unzufrieden.

Aber gleich kommen die Kinder aus der Schule. Dann überfallen sie mich mit allem, was „blöd" war: Die Möllendorf hat die Arbeiten nicht zurückgegeben ... die ganze Pause wurde durchgearbeitet ... Mathe konnte keiner begreifen, weil der Schmitt nicht erklären kann ... und dann war die Ampel so lange rot ... das Fahrradschloss klemmte ...

Ich stehe am Herd, und weil mein Mann gerade auf Reisen ist, gibt es Apfelpfannkuchen. Äpfel und Teig sind schnell vorbereitet, die Platte ist eingeschaltet. Langsam wird das Öl in der Pfanne heiß. Die Wärme steigt auf und wärmt mir die vom Schreiben ein wenig steifen Finger. Wie schön! Wie schön, einen Herd zum Kochen zu haben, Eier, Mehl, Milch und Fett und sogar Äpfel dazu. Die Äpfel, all die Äpfel, die Freunde uns schenkten, reichen immer noch.

Die Pfannkuchen sind in der Pfanne. Es duftet nach heißen Äpfeln, die sauren Boskop duften ganz besonders. Wie schön – ich habe ein warmes Essen für die Kinder! Ich probiere den ersten Pfannkuchen am Herd, streue ein wenig Zucker darüber. Er schmeckt herrlich. Ich habe Hunger und kann essen, mein Magen ist gesund.

Gleich werden die Kinder kommen, wie jeden Mittag. Aber so selbstverständlich ist es nicht. Sie müssen über drei verkehrsreiche Straßen, eine hat keinen Überweg. Wo sie nur bleiben?

„Herr, behüte sie! Ich danke dir für die Kinder! Wie gut, dass sie alle noch bei uns sind und dass wir gleich zusammen essen werden. Wie gut habe ich es! Herr, ich danke dir!"

Und ich denke: Wie selbstverständlich nehme ich es hin, dass ich eine Familie habe; Kinder und einen Mann, der mich liebt. Nachbarn und Freunde, ein Haus und ein Auto, Kleidung und Essen. Aber auch all das Außergewöhnliche und Schöne, Freude und Überraschung – ohne zu danken, rinnt es mir wie Wasser durch die Finger. Bei allem, was ich habe – habe ich nicht nur das wirklich, wofür ich Gott danke?

Ein Freund sagte neulich: „Weißt du, dass es jeden Tag mindestens zehn Dinge gibt, für die du danken kannst? Versuche es mal!“

„Du meinst, das wäre eine gute Übung für Christen?“

„Nein, keine Übung! Das wäre Leben. Gott loben und leben – das ist dasselbe.“

Titus Müller

Ein Leben, das Danke sagt

Mit dem Wort Dankbarkeit verbinden wir nicht die besten Erinnerungen. Tanten gaben uns ein Bonbon und forderten dann: „Was sagt man?“ Freunde nahmen uns bei einer persönlichen Katastrophe nicht in den Arm, sondern trösteten uns mit dem Hinweis, wir könnten doch dankbar sein, dass es nicht noch schlimmer gekommen ist.

Dankbarkeit bedeutet aber nicht, dass man über eine Situation nicht traurig sein darf. Sie bedeutet nicht, wie ein Mantra zu wiederholen: „Alles hat sein Gutes.“ Dankbar zu sein ist weder Pflichtprogramm noch Allheilpflaster.

Was ist es dann?

Es ist das größte Alltagsgeheimnis dieser Welt.

Ich habe Menschen getroffen, die lieben es, Geschenke zu machen. Sie warten nicht bis Weihnachten damit. Mitten im Jahr kommen sie auf mich zu und überreichen eine kleine oder große Sache, mit Schleifchen und in Geschenkpapier eingewickelt. Genauso ist Gott. Er liebt es, uns zu beschenken, einfach so. Nur, dass wir es meistens nicht bemerken. Überall legt er Geschenke für uns hin. Wir laufen daran vorüber und brüllen: „Wieso kriege ich nichts?“ Das ist unser Alltag. Das Gefühl, schlecht behandelt zu werden, nichts abzukriegen, um Vorteile kämpfen zu müssen.

Dankbarkeit heißt, die Augen aufzumachen. Es heißt, die Geschenke aufzusammeln, die Gott für uns ausgelegt hat, uns darüber zu wundern, uns zu freuen. Nicht immer ist es die Urlaubsreise, die wir uns gewünscht haben, oder das Auto. Während ich dies schreibe, sitze ich im Zug und esse Aprikosen. Sie sind im richtigen Reifezustand: Das Fruchtfleisch ist weich und süß. Zerkaut man die Schale, kommt ein saurer Geschmack hinzu. Die Aprikosen sind mein Morgengeschenk heute.

Bei wem kann ich mich bedanken, wenn der Regen weich auf meine Handfläche fällt? Bei wem kann ich mich für einen sanften Hügelzug bedanken oder für ein Sonnenblumenfeld? Wem danke ich für den Gesang der Vögel? Wem danke ich für die Selbstheilungskräfte meines Körpers, die dafür sorgen, dass sich Wunden wieder schließen? Wem danke ich für die Regenbogenfarben im Sprühnebel über einem Wasserfall?

Weil ich an Gott glaube, kann ich viele Schönheiten der Erde mit Dankgefühl erleben. Dankbarkeit braucht einen Empfänger. Als Christ habe ich das große Vorrecht, den Schöpfer zu kennen.

Die Bibel empfiehlt eine Haltung der Dankbarkeit Gott gegenüber. So, wie es eine gute Körperhaltung gibt – nicht der Kopfstand, nicht die Liegestützhaltung, sondern aufrechtes Stehen –, so gibt es auch eine Lebenshaltung, die uns wohltut.

Ich habe mich im Leben über viele Dinge gefreut: eine Vogelfeder, bunte Schneckenhäuser, Kinderlachen, Wind in den Baumwipfeln, einen Spaziergang am Meer. Wer nur nach großen Preisschildern die Augen aufhält, verpasst eine Menge. Dankbarkeit spielt sich im Kleinen ab. Sie ist eine Sache von Minuten, nicht von Monaten. Ich kann nicht ein halbes Jahr lang dauerhaft glücklich sein.

Aber ich kann jetzt glücklich sein. Die Gründe dafür zu erkennen, ist eine Lebenskunst, die wir leicht verlernen.

Kinder können sich vor Lachen am Boden wälzen, nur weil ein witziges Wort gefallen ist. Kinder bestaunen einen Marienkäfer. Kinder stürmen jubelnd nach draußen in die Sonne. Meinte Jesus auch das, als er uns aufforderte, wie die Kinder zu werden?

Wir leben in einer Sehnsuchtsgesellschaft.

Kaum haben wir etwas erreicht, sehnen wir uns nach dem Nächsten. Dankbarkeit setzt einen Punkt hinter die nie endende Aufreihung von Wünschen. Wir sagen nicht mehr: Und dann das, und dann das, und dann das. Wir freuen uns an dem, was wir geschenkt bekommen haben.

Notieren Sie einmal die Dinge, die Sie schätzen. Schreiben Sie auf ein Blatt Papier: Was mich glücklich macht, und darunter in loser Reihenfolge, was immer Ihnen in den Sinn kommt. Wenn ich das tue, habe ich innerhalb von fünf Minuten Glückstränen in den Augen, weil mir bewusst wird, wie gut ich es habe – und wie blind ich oft dafür bin.

Dietrich Bonhoeffer schrieb: „Dankbarkeit ist demütig genug, sich etwas schenken zu lassen. Der Stolze nimmt nur, was ihm zukommt. Er weigert sich, ein Geschenk zu empfangen. Dem Dankbaren wird alles zum Geschenk, weil er weiß, dass es für ihn überhaupt kein verdientes Gut gibt." Wenn wir dankbar sind, spüren wir, dass Gott unser Schöpfer und Vater ist. Wir kommen als Kinder zu ihm gerannt und zeigen ihm ein Bild: Habe ich ganz alleine gemacht, Gott! Wir zeigen ihm unsere Sandburg am Strand. Gleichzeitig aber wissen wir, dass alles von ihm kommt, dass wir sein sind, dass wir allein durch seine Liebe leben.

In Berlin überquerte ich gedankenverloren die Straße. Plötzlich sah ich aus dem Augenwinkel ein Auto auf mich zurasen, Gummi kreischte auf dem Asphalt, das Auto rutschte und kam Zentimeter vor mir zum Stehen. Ich stand da und starrte auf die Motorhaube. Ich weiß nicht mehr, wie ich danach auf die andere Straßenseite gekommen bin, aber als ich dort war, zitterte ich am ganzen Leib, meine Knie waren weich und der Puls raste. Während ich noch versuchte, mich zu beruhigen, fing es an zu schneien. Binnen kurzer Zeit war die Straße weiß. Ich begriff, wie knapp ich gerettet worden war – auf dem frischen Schnee wäre der Bremsweg des Autos erheblich länger gewesen. Beglückt dachte ich: Gott will, dass ich lebe!

An einem solchen Tag nimmt man alles viel intensiver wahr. Ich sah den Menschen neugierig ins Gesicht. Ich bestaunte die Bäume, fing Schneeflocken auf. Ich saugte alles in mich auf und freute mich daran: Danke, Gott, dass ich das sehen kann, danke, dass ich das erleben darf!

Im Grunde ist das jeden Tag unsere Situation, nur dass wir uns dessen nicht bewusst sind.

Wir haben allen Grund, dem göttlichen Retter zu danken, dem Geschenkemacher, dem Erschaffer der Schönheit.

Phil Bosmans

Wem soll ich danken?

Es gibt jemanden, der unendlich viel von mir hält.

Ich fühle mich geliebt bis in meine Zehenspitzen.

Ich möchte danken. Ich fließe über von Dankbarkeit. Aber sag mir, wem ich danken soll. Keinem Professor oder Präsidenten, keinem Generaldirektor oder Vorstandsvorsitzenden.

Einem lieben Gott will ich danken.
Mit tausend Händen streichelt er mich.
Mit tausend Händen küsst er mich.
Mit tausend Früchten ernährt er mich.
Auf tausend Flügeln trägt er mich.
Er ist mein Gott. Ich bin bei ihm
zu Hause wie ein Kind.

Sabine Kley

Neue Sichtweisen

Der Sommer hatte dieses Jahr ein besonders langes Besuchsrecht. Nach einem unmerklichen Frühling breitete er sich aus, verdrängte alle Regenwolken auf Wochen, das grüne Gras verdorrte, die sonst so saftigen Himbeeren schrumpften immer mehr zusammen, ebenso die Tomaten.

Wer seinem Körper eine braune Farbe geben wollte, brauchte nicht nach Italien zu fahren. Die Fenster blieben lange offen, die Fensterläden wegen der Hitze lange geschlossen. Jeder Windhauch wurde herzlich willkommen geheißen.

Eines Abends saß ich gegen Mitternacht mit unserer großen Tochter auf der Eingangstreppe vor dem Haus. Der Steinboden strahlte noch eine wohlige Wärme aus. Einige Leute, die die abendliche Kühle genossen, liefen vorbei. Plötzlich wurde uns beiden eine Sternschnuppe geschenkt. Unverhofft stießen wir gleichzeitig einen Freudenschrei aus, ein Ausdruck der Dankbarkeit eines solchen Ereignisses.

Fast unbemerkt, wie ein Spion, schlich sich der Herbst vorsichtig an. Statt glitzernder Regentropfen fingen filigrane Spinnwebennetze an, sich zu vermehren. Ein großer Igel wurde regelmäßiger Gast in unserem Garten. Unsere wenigen grünen Äpfel bekamen leichte rote Farbflecken. Die großen, majestätischen Sonnenblumen, die lange Zeit ihre Schönheit ausstrahlten, neigten müde ihr Haupt, bereit, ihre wertvollen Körner den Vögeln als Winterschmaus zur Verfügung zu stellen.

An die erfrischende Morgenkühle gewöhnte ich mich recht schnell, war doch damit ein besseres Durchatmen möglich. Die verblühten Blätter der Linde zeugten davon, dass ein Abschnitt beendet war: Vorboten für die großen Laubberge, die bald Bedarf anmelden würden, beseitigt zu werden.

Wie gut, dass die strapazierende Hitze vom kühleren Herbst abgelöst wurde. Und doch fiel das Abschiedsagen schwer. Der Sommer war eine leichte Zeit: leichte Bekleidung, leichtes Essen. Wir gewöhnten uns so schnell daran. Und doch heißt es immer wieder, sich zu lösen, weil etwas anderes angesagt ist.

Herr, lass uns nicht im Alten gefangen bleiben, sondern schenke uns neue Sichtweisen, dass wir auch darin deine Spuren und deine Geschenke erkennen.

Elisabeth Währisch

Liebe H.!

Dein Anruf gestern hat mich sehr bewegt. Nun bist Du also auch im Krankenhaus und es steht noch gar nicht fest, wie lange Du dort bleiben wirst. Aber sicher wird sich dieser Aufenthalt über eine längere Zeit hinziehen.

Ich kann mir Deine Gefühle gut vorstellen. Man hat als Hausfrau und Mutter immer tausend Pläne für jeden Tag, und auf einmal muss man alles liegen lassen, kommt einem alles so unfertig und abgebrochen vor. Man geht ins Krankenhaus und ist noch voll von alledem, was einen täglich bewegt, voll von all den Kleinigkeiten des Alltags, den kleinen Sorgen und Verdrießlichkeiten und den kleinen Freuden, die unsere Tage so ausfüllen, von Arbeit und Verantwortung für so manche Menschen – und plötzlich ist man ausgeschaltet aus all dieser Verantwortung und ganz auf sich selbst gestellt.

In den ersten Tagen überfallen einen dann die Sorgen: Wie soll es weitergehen zu Hause? Wird alles klappen, dass auch niemand zu kurz kommt? Wie wird mein Mann ohne mich zurechtkommen? Werden die Kinder mich nicht brauchen, im Haus, in der Schule? Aber es ist merkwürdig: Je länger man nun da liegt, um so weiter entfernt man sich von alledem, und nun überfallen einen die ganz persönlichen Sorgen: Werde ich die starken Schmerzen aushalten können? Wie soll ich nur die Geduld für solch eine wochenlange Liegerei aufbringen, wo ich es doch kaum gewohnt bin, mal eine Stunde nur für mich zu haben? Werde ich überhaupt je wieder richtig gesund und einsatzfähig werden?

Und dann, wenn man nachts nicht schlafen kann, tauchen die Fragen auf: Wozu bin ich hier? Was soll das Ganze für einen Sinn haben, dass ich hier so nutzlos herumliege und doch eigentlich gebraucht würde? Warum ... Da hilft dann nur eins: dass ich mich ganz vertrauensvoll an den himmlischen Vater wende und ihm alle Sorgen und Unruhe hinlege und mich ihm wie ein Kind anvertraue, wie ein Kind, das weiß, dass der Vater immer nur mein Bestes will.

Mir kam während meiner Krankheit oft eine Liederzeile in den Sinn, die ich aus meiner Jugend kenne: „Wir können's nicht ergründen, wir können nur vertraun." Nein, wir können nur selten das Warum ergründen, und das macht uns solche Zeiten oft so schwer, aber dieses Wissen darum, dass Gott mit uns und unserer Krankheit einen Plan hat, macht einen doch sehr ruhig und fröhlich. Zu dieser Lektion, alle Sorgen an ihn abzugeben und ihm ganz zu vertrauen, haben wir nun täglich Zeit. Und noch etwas: Man schickte mir eine Karte, ein Wort von Bodelschwingh, weißt Du, dem Leiter der Anstalt Bethel, der ja vier Kinder verlor und in seinem Dienst umgeben war von Krankheit und Elend. Er sagt da: „Murren und Klagen macht schrecklich alt. Das Danken aber ist eine immerwährende Verjüngungskur." Die Karte kam gerade recht. Hat Bodelschwingh nicht recht? Wie viel Zeit und Platz nehmen unsere Klagen ein und wie wenig nehmen wir uns Zeit zum Danken? Wie viel Grund haben wir alle zum Danken, auch und gerade in solcher Krankheitszeit: dass es Krankenhäuser gibt und Menschen, die mich pflegen, dass es Medikamente gibt, die meine Schmerzen dämpfen und heilen, dass Ärzte sich um mich kümmern, dass es liebe Menschen gibt, die mich besuchen und an mich denken, dass ich einmal Muße habe, etwas Gutes zu lesen und über vieles nachzudenken, dass ich nun einmal alle Verantwortung abgeben und nur noch mich versorgen lassen darf, und – wie gesagt, dass ich wissen darf, dass diese Krankheit für mich kein unverständliches Schicksal, keine „Panne" ist, sondern ein Stückchen aus dem Plan, den Gott mit meinem Leben hat.

Vielleicht, damit ich dankbarer werde für alle Gesundheit?

Vielleicht, damit ich Menschen, die Ähnliches erleben, einmal besser trösten kann?

Vielleicht, damit ich einmal erlebe, wie Gott mir von Tag zu Tag in all meiner Schwachheit Kraft gibt? In diesem Sinne wünsche ich Dir eine „immerwährende Verjüngungskur" und baldige Genesung.

Deine Elisabeth Währisch

Paul Toaspern

Dank für alles Gute, das wir empfangen

Herr, wir sehen oft nur das, was uns bedrückt; öffne Du uns die Augen dafür, zu erkennen, wie Du uns segnest.

Herr, Du weißt, dass wir oft mürrisch sind über das, was uns nicht gelingt; dränge uns, dass wir uns an all das erinnern, was Du schon hast gelingen lassen.

Herr, wir stehen manchmal in der Gefahr, mit dem, was wir empfangen haben oder besitzen, nicht zufrieden zu sein. Verzeih uns solche Gedanken, die Dich, den Geber aller guten Gaben, beleidigen. Lehre uns, die uns anvertrauten Gaben zu erkennen und sie zu Deiner Ehre zu gebrauchen.

Herr, wir leben unter den Menschen unserer Umgebung immer zwischen Lob und Kritik. Hilf uns, dass wir uns ganz an Dich binden. Dann bewahrst Du uns bei allem Lob vor Hochmut, bei aller Kritik vor Resignation.

Herr, wir vergessen so oft, für all das Gute zu danken, das Du uns schenkst. Lass uns dankbar werden für jeden Tag, an dem Friede ist, für das tägliche Brot, mit dem Du uns sättigst, für liebe Menschen, die um uns sind, für das Zuhause, in dem wir Heimat haben, für die Brüder und Schwestern im Glauben, die mit uns von Deiner Wirklichkeit leben und mit uns unterwegs sind hin zu Dir.

Bernd Bierbaum

Die Welt - ein Dorf

Wenn unsere Welt ein Dorf mit hundert Einwohnern wäre, dann könnten von den 38 Schulkindern sieben Kinder nicht zur Schule gehen, sondern müssten täglich arbeiten. 14 Personen könnten nicht lesen und schreiben. 20 Menschen müssten mit einem Existenzminimum auskommen und 60 Menschen würden nur manchmal etwas Geld verdienen. 24 Bewohner hätten immer genug zu essen, 16 würden manchmal hungern, aber 60 Bewohner hätten immer Hunger. 75 Menschen könnten frisches, sauberes Wasser genießen, 25 Personen müssten das Wasser von weit her holen. 76 Menschen könnten Elektrizität nutzen, und es gäbe 42 Radios, 24 Fernseher und nur zehn Computer in diesem Hundertseelendorf. 32 Menschen im Dorf wären christlich getauft. Außerdem gäbe es dort mehr Soldaten als Ärzte und Lehrer zusammen.

Wenn man die Welt aus dieser Sicht betrachtet, wird jedem klar, wie gut es vielen von uns eigentlich geht, wie gesegnet wir sind und wie viel Grund zur Dankbarkeit wir haben. Vielleicht geht es uns nur deshalb so gut, damit wir abgeben können. Abgeben gegen Hunger, abgeben für Wasser, abgeben für Bildung, abgeben für Evangelisation. Christliche Entwicklungshilfe oder christliche Missionswerke zu finden, die sich darum kümmern, ist nicht schwer.

Axel Kühner

Nun danket alle Gott

Martin Rinckart (1586–1649) war während des Dreißigjährigen Kriegs Pastor in Eilenburg in Sachsen-Anhalt. Man nannte ihn den „Ambrosius" der evangelischen Kirche. Sein Mut und seine Tapferkeit bewährten sich während der österreichischen und schwedischen Belagerung von Eilenburg. Wie überall wütete auch dort die Pest, und Rinckart musste insgesamt 4.480 Menschen seiner Gemeinde beerdigen. Auf Belagerung und Pest folgte dann die Hungersnot, die noch weitere Opfer forderte. Von der Liebe Christi bewogen, ging er von Haus zu Haus, um den Menschen in ihrer Not beizustehen. Sein Siegelring trug die Gravur: MVSICA „Mein Vertrauen steht in Christus allein!"

Trotz unsagbarem Leid betete er jeden Tag mit seiner Familie das Dankgebet aus Sirach 50,24: „Nun danket alle Gott, der große Dinge tut an allen Enden. Der uns von Mutterleib an lebendig erhält und tut uns alles Gute!" Die Verse brachte er in Gedichtform und schenkte der Christenheit so eines der schönsten Lob- und Danklieder.

„Nun danket alle Gott,
mit Herzen, Mund und Händen,
der große Dinge tut
an uns und allen Enden,
der uns von Mutterleib
und Kindesbeinen an
unzählig viel zugut
und noch letzund getan.“

Christian Fürchtegott Gellert

Die Güte Gottes

Wie groß ist des Allmächtgen Güte!
Ist der ein Mensch, den sie nicht rührt?
Der mit verhärtetem Gemüte
den Dank erstickt, der ihm gebührt?
Nein, seine Liebe zu ermessen,
sei ewig meine größte Pflicht!
Der Herr hat mein noch nie vergessen;
vergiss, mein Herz, auch seiner nicht.

Wer hat mich wunderbar bereitet?
Der Gott, der meiner nicht bedarf.
Wer hat mit Langmut mich geleitet?
Er, dessen Rat ich oft verwarf.
Wer stärkt den Frieden im Gewissen?
Wer gibt dem Geiste neue Kraft?
Wer lässt mich so viel Glück genießen?
Ist's nicht sein Arm, der alles schafft?

Schau, o mein Geist, in jenes Leben,
zu welchem du erschaffen bist;
wo du, mit Herrlichkeit umgeben,
Gott ewig sehn wirst, wie er ist.
Du hast ein Recht zu diesen Freuden;
durch Gottes Güte sind sie dein.
Sieh, darum musste Christus leiden,
damit du könntest selig sein.

Und diesen Gott sollt ich nicht ehren
und seine Güte nicht verstehn?
Er sollte rufen; ich nicht hören,
den Weg, den er mir zeigt, nicht gehn?
Sein Will ist mir ins Herz geschrieben;
sein Wort bestärkt ihn ewiglich.
Gott soll ich über alles lieben
und meinen Nächsten gleich als mich.

Dies ist mein Dank, dies ist sein Wille.
Ich soll vollkommen sein wie er.
Solang ich dies Gebot erfülle,
stell ich sein Bildnis in mir her.
Lebt seine Lieb in meiner Seele:
So treibt sie mich zu jeder Pflicht.
Und ob ich schon aus Schwachheit fehle,
herrscht doch in mir die Sünde nicht.

O Gott, lass deine Güt und Liebe
mir immerdar vor Augen sein!
Sie stärk in mir die guten Triebe,
mein ganzes Leben dir zu weihn.
Sie tröste mich zur Zeit der Schmerzen;
sie leite mich zur Zeit des Glücks;
und sie besieg in meinem Herzen
die Furcht des letzten Augenblicks.

Birgit Winterhoff

Schön, dass es dich gibt

„Gut, dass du da bist!“ Ein schöner Satz am frühen Morgen. So begrüßt zu werden, tut gut. Der andere streckt mir seine Hand entgegen und freut sich ganz offensichtlich, dass ich gekommen bin. Er ist gespannt auf die Begegnung, auf gute Gespräche. Der freundliche Zuspruch von Menschen tut Leib, Seele und Geist gut.

Die entgegengestreckte Hand ist für mich zum Sinnbild geworden. So begegnet mir Gott jeden Morgen neu. So streckt er mir an jedem Morgen seine Hand entgegen. „Gut, dass du da bist! Schön, dass es dich gibt!“ Gott hat mir mein Leben anvertraut und begegnet mir freundlich. Er hat mich geschaffen mit meinen Stärken und Schwächen und mit allen meinen Sinnen. Mit meinen Augen kann ich die Schönheit des Wolkenspiels am Himmel sehen. Meine Ohren freuen sich an den Harmonien eines Musikstücks. Mit meiner Nase kann ich den Blütenduft des Sommers einatmen. Mit meiner Zunge schmecke ich eine leckere Speise.

Da kann ich nur staunen und mit dem Beter eines Psalms einstimmen: „Ich danke dir dafür, dass ich wunderbar gemacht hin!“

Im Alltag erlebe ich anderes. Während der Ausbildung und im Beruf werden Leistungen gefordert. Dort zählen schnelles Erfassen von Vorgängen, kompetenter Umgang mit Menschen, sachgerechte Arbeit. Man kann den Eindruck gewinnen, dass Noten, Zeugnisse und Beurteilungen über den Wert eines Menschen entscheiden. Wer in seinem Leben etwas erreichen will, muss etwas bringen. „Leiste was, dann bist du was!“ Irgendwie macht es auch Spaß, etwas zu leisten. Wenn man sieht, dass sich der Einsatz lohnt, stellt sich ein Erfolgsgefühl ein. Dennoch: Nicht die Leistung bestimmt den Wert meines Lebens. Über den Wert bestimmt der, der mir das Leben mit seinen Möglichkeiten und Grenzen geschenkt hat und der Ja sagt: Gott.

Dieses Ja Gottes zu uns können wir mit immer neuen Sätzen umschreiben, z. B. so: „Du bist da. Und dass du bist, ist gut.“ Sein Ja hat Gott in seinem Sohn Jesus Christus verbürgt. Vorurteilslos ist Jesus auf die unterschiedlichen Menschen zugegangen. Er hat sie so angesehen und geliebt, wie sie ihm begegneten. Gut, dass du da bist. Das eröffnet Perspektiven!

Manche stecken aber voller Minderwertigkeitskomplexe. Sie erwecken den Eindruck, als wollten sie sich dauernd dafür entschuldigen, dass es sie überhaupt gibt. Steht ein Mann morgens vor dem Spiegel, sieht in das zerknitterte Gesicht und brummt: „Ich kenne dich zwar nicht, ich mag dich auch nicht, aber ich rasiere dich trotzdem!" Nicht immer geht es so gutmütig ab. Gut, dass es dich gibt?

Bei meiner Taufe hat Gott sein Ja zu mir gesprochen. Jeden Tag lerne ich, dieses Ja nachzusprechen.

Einmal zu mir selbst. Ich kann mich annehmen, ohne neidisch auf andere zu schauen. Ich bin geschaffen, nicht geworden, ein unverwechselbarer, origineller Gedanke Gottes. Und dann gilt das Ja auch den anderen. Danke, dass es dich gibt.

Axel Kühner

Ich danke Gott

In einer fränkischen Zeitung erscheint eines Tages eine Anzeige mit dem Wortlaut: „Ich danke Gott und dem Opelfahrer, der am ... auf der Bundesstraße ... mein falsches Überholen durch geschicktes Bremsen ausgeglichen und mir das Leben gerettet hat!“

Drei Tage später erscheint in derselben Zeitung an gleicher Stelle eine neue Anzeige mit dem Wortlaut: „Noch mal Schwein gehabt! Der Opelfahrer.“

„Ich danke Gott“ oder „Schwein gehabt“, welche Anschauung vom Leben haben wir? Empfangen wir das Leben als Geschenk von Gott oder sehen wir es als Ergebnis von Glück oder Unglück an?

Das Haben und Bekommen ist die Vorstufe des Lebens. Erst im Danken finden wir die Beziehung zum Geber und zum Nächsten. Gott und dem anderen danken sind elementare Äußerungen des Lebens.

So wunderbar ist Gott!

Noor van Haaften

An der Küste Donegals

Die Küste Donegals im Nordwesten der Republik Irland hat eine atemberaubend schöne Landschaft mit Felsen, hohen Klippen und einsamen Stränden. Ich finde sie am schönsten, wenn die Ginstersträucher in Blüte stehen. Selten habe ich diese Pflanzen so üppig blühen sehen wie auf den Hügeln in der Grafschaft Donegal.

Wer die Abgelegenheit oder Einsamkeit sucht, wer gegen Wind und Regen ankämpfen und kreischende Möwen hören will, wer danach seine durchnässte Kleidung bei einem glühenden Torffeuer in einem reetgedeckten Pub trocknen lassen und sich selbst erwärmen will, der ist in Donegal am richtigen Platz. Es ist wild, es ist wüst, es ist wunderschön und bei bestimmtem Wetter vielleicht sogar ein wenig unheimlich.

In Donegal habe ich es zum ersten Mal gehört. Zuerst konnte ich das Geräusch nicht einordnen, denn es war mir unbekannt. Es war am Ende des Sommers, am späten Nachmittag, wenn sich der Tag neigt und es Abend wird. Die Sonne war fast untergegangen, es wurde langsam richtig frisch: Es war Zeit, ins Haus zu gehen. Was mich zurückhielt, war dieser unbekannte Klang, melodiös, etwas traurig, ja fast mysteriös. Er war wie ein Ruf, er erweckte eine unbestimmte Sehnsucht in mir.

Ich nahm mein Fernglas und blickte die Küste entlang. Dann entdeckte ich sie: eine Gruppe grauer Robben, die sich auf einigen flachen Felsen am Meer ausgebreitet hatten. Während das Meereswasser an die Steine leckte, lagen sie entspannt beisammen und meinten, unbeobachtet zu sein. Und so sangen sie unter freiem Himmel unbefangen ihr Lied. Ihr Gesang – wobei sich tiefe und hohe Töne abwechselten – war wunderschön und tief ergreifend, er ging durch Mark und Bein. Nie werde ich diese seltsame Erfahrung, die sich nicht in Menschenworte fassen lässt, vergessen.

Das Singen der Robben an der Westküste Irlands wurde für mich zu einem Höhepunkt in jenem Jahr. Es war solch ein Moment, wo der Mensch sich seiner Kleinheit und Nichtigkeit bewusst wird und ihm nichts übrig bleibt, als Gott für das Wunder seiner Schöpfung zu danken und zu loben.

Sabine Kley

Ein aufmerksamer Schöpfer

Gleichmäßig fällt der Regen aufs ausgetrocknete Land. Das Drei-Uhr-Läuten kann seinen Fall nicht stören, so als würde er sagen: „Jetzt bin ich an der Reihe, jetzt schlägt meine Stunde.“

Ein leichter Wind lässt die mit durchsichtigen Tropfen versehenen Blätter tanzen. Jedes in seinem eigenen Takt. Fast unbemerkt haben sich kleine Nebelschwaden miteinander verbunden und steigen gesammelt aus dem Tal empor.

Die Seele atmet auf. Nach langer Trockenheit bedarf es einer Abkühlung und Erfrischung. Nach und nach lichtet sich der von dunklen Wolken durchzogene Himmel. Jede ausgeregnete Wolke zeigt ein Stück Helligkeit. Nun können die Brombeeren nach der langen Dürre das Wasser einspeichern und ihren bald saftigen Früchten weitergeben.

Alles hat seine Zeit, und alles hat seinen Sinn. Wie gut, dass unser Schöpfer über unserer Erde wacht. Danken wir ihm dafür?

Bianka Bleier

Vom Aufgang der Sonne …

Eine Möwe weckt mich bei Sonnenaufgang. Leise schlüpfe ich in mein Kleid, die Wollweste. Ich gehe allein ans Meer, will mich daran sattsehen. Die anderen laufen oft weiter, wo ich gern verweilen würde. Der Strand ist noch leer bis auf ein paar Möwen, die sich zum Frühstück treffen. Es ist, als ob ich träume, ich fühle mich unverschämt frei.

Das Meer war schon da, lange bevor es mich gab, und es wird unermüdlich brausen, wenn von mir jede Spur verweht sein wird. Seine scheinbare Unendlichkeit verstärkt mein Gefühl von grenzenloser Freiheit, lässt mich aber auch meine Endlichkeit spüren.

Streichholzklein fühle ich mich, lasse mich auf etwas ein, das größer ist als ich, überwältigend viel mehr. Meer … Ich ahne, dass ich in diesen großen Zusammenhang gehöre. Was sagte Gott, nachdem er das Meer erschaffen hatte? „Es war gut!" Jetzt weiß ich, warum ich mich hier vorne Gott so verbunden fühle: Ich teile meine Begeisterung über das Meer mit dem, der er geschaffen hat! Schweigend, ehrfurchtsvoll nehme ich die Weite in mich auf.

Noch unberührt liegt das Wasser vor mir, eine Einladung des Lebens. Zögernd steige ich hinein.

Ich spüre die Kühle der Nacht, mache mich leicht, lege mich auf die Oberfläche, wo mich die Wärme der Morgensonne umspült. Ich treibe, schwebe, sehe nur Himmel, fühle nur weiches Wasser, bin. Unter dem Himmel das Meer – und ich mittendrin!

Hanna Ahrens

Der untere Rand der Sonne

Der Tag war so turbulent heute; ich bin ganz erschöpft. So gehe ich noch einmal aus dem Haus und mache einen Weg über die Felder. Sie sind weit und grün; darüber schwere graue Wolken. Dann kommt ein Wind auf. Die Wolken ziehen über mich hinweg und geben am Horizont ein Stück Himmel frei. Der untere Rand der Sonne, tiefrot, wird sichtbar. Immer höher ziehen die Wolken, nun ist die Sonne ganz da. Ein großer, roter Ball, der fast blendet.

Alles ist in dieses Licht getaucht. Das Violett der Vogelwicke an der Hecke beginnt zu leuchten: blau-violett, hell, rosa ...

Welch eine Verschwendung an Farben! Dabei ist es nur ein Unkraut, das man herausreißt, weil es alles überwuchert.

„Herr, wie herrlich hast du alles gemacht!
Diesen Himmel und diese Erde,
sogar dies Unkraut – wie schön es ist!
Dich selbst kann ich nicht sehen,
aber ein Stück deiner Herrlichkeit:
diese große, rote Sonne!

Sie ist wie ein Zeichen deiner Gegenwart.
Herr, ich danke dir,
dass ich so vor dir, in deiner Nähe sein darf."

Ganz langsam gehe ich, um dieses Glück dauern zu lassen. Aber dann schiebt sich eine Wolke vor die Sonne, und alles ist wieder grau. Der Wind wird kühler. Die Nacht kommt. Aber dass es diesen Augenblick und dieses Licht gab – wie eine Tür zum Himmel.

Ich bin hineingegangen und war zu Hause. Ruhe und Frieden, die den Tag glätten.

„Wie soll ich dir danken, Herr?
Ich könnte nicht einmal so etwas Geringes
machen wie dieses Unkraut –
so vollkommen schön.
Aber ich könnte – solange ich lebe – sagen,
wie herrlich du alles gemacht hast,
wie wunderbar du tröstest
und wie du dich selbst schenkst. –
Wenn du es zulässt und mir Worte gibst,
Herr, könnte ich es vielleicht."

Noor van Haaften

Der Jubel der Natur

In der Bibel wird uns häufig ein Bild davon vermittelt, wie die Natur in das Lob Gottes einstimmt. Bäume und Ströme, die in die Hände klatschen; ein frohlockendes Feld und ein brausendes Meer, die gemeinsam für Gott jubeln. Weil er der Allmächtige ist, der Gnädige, der rettet und erlöst.

Wer gut beobachtet und zuhört, wird heute schon etwas von diesem Jubel der Schöpfung bemerken. Das Lob Gottes der Natur ist so zart wie gewaltig. Das leise Rauschen der Blätter im Wind erinnert an einen Schlagzeuger, der seinen kleinen weichen Besen sanft über das Fell der Trommel streicht. Beim Krachen und Stöhnen der Zweige im Sturm dagegen wurde der Besen beiseitegelegt; der Musiker ist mit beiden Händen und Füßen voll in Aktion.

Jubel ist das erste zarte Grün, das einem Winterwald einen besonderen Glanz verleiht. Es ist ein Obstgarten voller Blütenpracht, es sind Hügel und Berge bedeckt mit dem funkelnden Herbstlaub der Bäume in zahllosen Farbschattierungen, die fast unerträglich schön sind. Es ist das leise Rieseln eines Baches mit seinem kalten, klaren Schmelzwasser aus den Bergen. Es ist das Brausen und Schäumen der Meereswellen an einem stürmischen Nachmittag am Strand.

Die Natur erfüllt ihre „Berufung“, indem sie ihre ganze Pracht entfaltet und zur Schau stellt. So spiegelt sie die Kreativität unseres Schöpfers wider.

Der Jubel der Bäume, das Lied der Berge, Hügel und Gewässer ist ein Lobgesang für unseren Gott. Und für die Menschen, die er gemacht hat, eine Quelle der Freude. Lassen Sie uns mitjubeln, denn ihm, unserem Schöpfer, gebührt unser Dank.

Sabine Kley

Herbstimpressionen

Nach einem verregneten Sommer mit wenig echten Sommertagen hat der Herbst vorzeitig seinen Einzug gehalten. Er entschädigt in seiner Fülle für vieles, was wir im Sommer entbehren mussten. Mit einer Flut von knallroten, vitaminreichen Tomaten dürfen wir uns für den bevorstehenden Winter stärken.

Inmitten des feuchten Nebels und der dichten grauen Wolkendecke geben die strahlenden und stolzen Sonnenblumen etwas von dem vermissten Sonnenschein aus der vergangenen Jahreszeit wieder.

Frisch geernteter Lauch und saftige neue Kartoffeln laden zu leckeren Mahlzeiten ein. Unsere Hühner erfreuen sich in ihren Freilaufzeiten an Schnecken und Regenwürmern. Vereinzelt lenken schon gefärbte Blätter unsere Blicke auf sich.

Mit Staunen entdecke ich ein von kristallfarbenen Tautropfen durchzogenes Spinnennetz an unserer Wäschespinne. Mich fasziniert seine filigrane Genauigkeit.

Für mich sind das Wunder, die ich mit offenen Augen entdecken möchte. Inmitten der teilweisen Dunkelheit dieser vorletzten Jahreszeit gibt es so viele Lichtblicke.

Möge Gott unsere Sinne für seine Schönheiten schärfen, damit wir wieder neu bereit werden, ihm für seinen Reichtum zu danken. So werden wir öfter im Leben ein Erntedankfest feiern.

Matthias Claudius

Wir pflügen und wir streuen

Wir pflügen, und wir streuen den Samen auf
das Land,
doch Wachstum und Gedeihen steht in des
Himmels Hand:
der tut mit leisem Wehen sich mild und heim-
lich auf
und träuft, wenn heim wir gehen, Wuchs und
Gedeihen drauf.

Alle gute Gabe kommt her von Gott dem
Herrn,
drum dankt ihm, dankt, drum dankt ihm, dankt
und hofft auf ihn!

Er sendet Tau und Regen und Sonn- und
Mondenschein,
er wickelt seinen Segen gar zart und künstlich
ein
und bringt ihn dann behende in unser Feld und
Brot:
es geht durch unsre Hände, kommt aber her
von Gott.

Alle gute Gabe kommt her von Gott dem
Herrn,
drum dankt ihm, dankt, drum dankt ihm, dankt
und hofft auf ihn!

Was nah ist und was ferne, von Gott kommt
alles her,
der Strohhalm und die Sterne, der Sperling
und das Meer.
Von ihm sind Büsch und Blätter und Korn und
Obst von ihm,
das schöne Frühlingswetter und Schnee und
Ungestüm.

Alle gute Gabe kommt her von Gott dem
Herrn,
drum dankt ihm, dankt, drum dankt ihm, dankt
und hofft auf ihn!

Er lässt die Sonn aufgehen, er stellt des Mon-
des Lauf;
er lässt die Winde wehen und tut den Himmel
auf.
Er schenkt uns so viel Freude, er macht uns
frisch und rot;
er gibt den Kühen Weide und unsern Kindern
Brot.

Alle gute Gabe kommt her von Gott dem
Herrn,
drum dankt ihm, dankt, drum dankt ihm, dankt
und hofft auf ihn!

Bianka Bleier

Erntedank

Rosa Dahlien, zartblaue Astern und die letzten Blüten der Lupinen begleiten meine Ernte. Herrlich, diese sich anhäufenden Schätze, gepaart mit einem Hauch von Wehmut, dass das alles für diese ganz andere Jahreszeit ist, die mit an Sicherheit grenzender Wahrscheinlichkeit wieder kommen wird …

Zuverlässig besucht wird die Naschecke im Garten – wo die Monatserdbeeren wohnen, die den ganzen Sommer über tragen, die süßen schweren Himbeeren, die saftigen Kohlrabi, die man, das wissen wir erst seit letztem Sommer, hervorragend roh verspeisen kann, erntereife warme Tomaten … köstlich!

Immer noch pflücke ich Zucchini, die kleinen zum Dünsten, die mittleren zum Füllen, die Riesen für die Hühner. Bohnen zum Einfrieren, Paprika drei Eimer voll. Ich jäte drei Tonnen Unkraut, finde die Roten Bete und grabe die Möhren wieder mühsam ins Leben. Gemüse aus eigener Ernte hat etwas zutiefst Befriedigendes. Berge von Kompostmaterial füllen Schubkarre um Schubkarre. Welch archaische Freude, Kartoffeln auszugraben und mit einem spitzen Schrei die Kröte wieder zu versenken, die versehentlich mit ausgehoben wurde! Déjà-vu aus der Sandkastenzeit …

Ich flechte Zöpfe aus getrockneten Zwiebeln und balge mit dem Hund. Die Fülle von Farben und Formen ist schier unerträglich schön. Am meisten freut mich der nutzlose Berg Zierkürbisse. Sie folgten dem biblischen Prinzip „Land einnehmen". Der Countdown von Gießen, Unkraut jäten, Kampf gegen Ungeziefer und Krankheiten, Disteln und Dornen live hat bald ein Ende. Letzte Aussaat: Feldsalat, erster Winterbote.

Gott hat die Erde durch einen Gedanken geschaffen. Der Regen hat den Boden bewässert. Wir haben die Ernte eingebracht, und die Amseljungen sind dick genug für ihren ersten Winter. Das Jahr reift unaufhörlich seinem Ende entgegen.

Heidrun Kuhlmann

Bunt sind schon die Wälder

Was habe ich mich auf den Tag gefreut! Heute noch habe ich seinen Duft in der Nase und seinen Geschmack im Mund. Das war der Tag, an dem wir in Großmutters Garten Kartoffeln geerntet und zum krönenden Abschluss das trockene Kraut angezündet haben.

Herrlich!

Die ganze Familie kam zusammen. Wir warfen Kartoffeln ins Feuer, um sie anschließend zu essen. An der Pelle haftete noch Erde. Ganz gesund war das bestimmt nicht, aber wir waren selig!

Das Kartoffelfeuer gehört mit zu meinen schönsten Kindheitserinnerungen.

Der Herbst hat aber noch viel mehr zu bieten: Kürbisse, Steinpilze, Weintrauben, Zwetschgenmus, Tage wie Samt und Seide. Die Kenner unter den Wanderern ziehen jetzt los. Zu keiner anderen Zeit ist der Wald leuchtender und die Luft klarer. Die Kinder lassen ihre Drachen steigen, die Älteren lehnen sich auf der Gartenbank zurück und erfreuen sich an der späten Schönheit der Rosen.

Die Ernte ist eingefahren. Es kann gefeiert werden. Grund zum Danken gibt es genug!

„Es geht durch unsere Hände, kommt aber her von Gott." Ja, das weiß man in einem Dorf.

Es gibt eine Zeit, in der gesät wird – und es gibt eine Zeit, in der man geduldig warten muss, was daraus wird!

Beim Erntedankfest ist die Kirche geschmückt mit allem, was in den Gärten und auf den Äckern gewachsen ist.

Zum Erntefest werden die Wagen der Landwirte mit Getreide geschmückt. Jede Wagengemeinschaft gibt sich besondere Mühe. Die Stunden beim Zupfen und Binden des Getreides sind wertvoll. Im wahrsten Sinne des Wortes „etwas miteinander zu tun haben", das schafft Gemeinschaft. Zwiebelkuchen und Federweißer gehören dazu.

An einem Abend ziehen wir in einem „Toltermarsch" mit der Erntekrone von einem Bauernhof zum anderen. Die Landwirte stehen für Verlässlichkeit von einer Generation zur anderen. Sie prägen das Leben im Dorf – und sind die großen Landschaftsgärtner!

Am Sonntag gibt es den großen Festumzug. Sogar die Trecker sind fein herausgeputzt, wenn sie die geschmückten Erntewagen durchs Dorf ziehen. Die Menschen kommen zusammen, Traditionen verbinden. Und alle feiern mit!

Birgit Winterhoff

Das persönliche Denk-mal

In vielen Kirchen laufen seit Tagen die Vorbereitungen für das Erntedankfest. Die Altäre werden mit Obst, Gemüse und üppigen Blumensträußen geschmückt. Viele tragen mit ihren Gaben dazu bei. Da gibt es viel zu sehen. Schließlich soll sichtbar vor Augen stehen, wofür wir Gott danken können.

„Wir pflügen und wir streuen den Samen auf das Land, doch Wachstum und Gedeihen steht in des Himmels Hand“, dichtete Matthias Claudius. Wir werden lange auf das Erntedankfest vorbereitet. Im Frühjahr und Sommer können wir beobachten, wie die Knospen springen, wie es blüht, wächst und reift. Im Herbst dann die Ernte: Getreide, Beeren, Nüsse, Äpfel. Selbst mitten in der Großstadt kann ich diese Vorgänge beobachten: am blühenden Kirschbaum vor der alten Stadtkirche, am Kastanienbaum in der Straße oder an den Tomatensträuchern auf dem Balkon des Nachbarn. Was wirklich schön und wichtig ist, sehe ich oft erst, wenn ich davon weiß und darauf achte.

„Danket dem Herrn, denn er ist freundlich und seine Güte währet ewig und seine Gnade für und für“, heißt es in einem Psalm zum Erntedankfest. Die letzte Bestimmung des Menschen ist es demnach, Gott zu danken und sich an seinen Gaben zu freuen.

Aber ist das so einfach? Ist unsere Welterfahrung nicht häufig eine andere? Wir leben zerstörend in einer zerstörten Welt. Die Blicke verhungernder Kinder gehen mir nach. Wofür soll ich da Gott danken?

Wer dem Schöpfer dankt, bleibt nüchtern. Er weiß, wie gefährdet und unsicher die Erde ist. Aber er wird diese Erde lieben und alles tun, was ihm möglich ist, um sie zu erhalten und zu bewahren.

Der Dank an Gott, den Schöpfer, gibt Kraft zum Handeln. Dank bewahrt vor Resignation und befähigt zur Aktion. Ein dankbarer Mensch wird nicht untätig Zusehen und bei den ersten Schwierigkeiten aufgeben.

Der Dank Gott gegenüber beginnt mit dem Nachdenken. Ich erlebe im Gespräch, dass sich Menschen allzu gut an Schwieriges erinnern, das sie erlebt haben. Manchmal liegen die Vorgänge schon viele Jahre zurück. Sie können es einfach nicht vergessen. Wenn sie aber zehn Minuten erzählen sollten, wo sie Gutes erfahren haben, fällt ihnen nichts ein.

Denken und danken gehören zusammen. Es kann gut sein, einmal aufzuschreiben, wo man Grund zum Danken hat. Und nicht aufzuhören, bevor einem mindestens 15 Dinge eingefallen sind. Wofür waren Sie in den letzten Wochen, im letzten Jahr dankbar?

Eine Familie in unserer Gemeinde hat eine ganz besondere Art und Weise entdeckt, Danke zu sagen. Kurz vor dem Erntedankfest bauen sie jedes Jahr ihren persönlichen Erntedanktisch auf. Da ist alles zu sehen, was Grund zum Danken ist. Eine Zeit lang bleiben diese Dinge als „Denk-mal“ vor Augen stehen. In diesem Jahr sieht man den Computer als Dank für den Arbeitsplatz, den der 16-jährige Sohn bekommen hat. Medikamente als Zeichen, weil die Großmutter wieder gesund geworden ist. Postkarten von Menschen, die an sie gedacht haben. Obst und Gemüse als Zeichen für die tägliche Nahrung. Feste machen fest. Sie sind Gedächtnisstützen gegen das Vergessen. Gut, dass es das Erntedankfest gibt!

Dankbarkeit, die das Leben prägt

Axel Kühner

Die Wunderpillen

Ein Arzt besucht seine Patienten im Altenheim. Ihm fallt ein 96-jähriger Mann auf, der stets zufrieden und freundlich ist. Eines Tages spricht ihn der Arzt darauf an und fragt nach dem Geheimnis seiner Freude. Lachend antwortet der Mann: „Herr Doktor, ich nehme jeden Tag zwei Pillen ein, die helfen mir!“ Verwundert schaut ihn der Arzt an und fragt: „Zwei Pillen nehmen Sie täglich? Die habe ich Ihnen doch gar nicht verordnet!“ Verschmitzt lacht der Mann und antwortet: „Das können Sie auch gar nicht, Herr Doktor. Am Morgen nehme ich gleich nach dem Aufstehen die Pille Zufriedenheit. Und am Abend, bevor ich einschlafe, nehme ich die Pille Dankbarkeit. Diese beiden Arzneien haben ihre Wirkung noch nie verfehlt.“

„Das will ich Ihnen gerne glauben“, meint der Arzt. „Ihr gutes Rezept werde ich weiterempfehlen.“

Elisabeth Währisch

Ein guter Rat

Wir hatten die wunderbarste Großmutter der Welt! Sie lebte in einem kleinen Dorf oben auf der Schwäbischen Alb, und ihr Haus stand für jeden offen. Da ging es zu wie in einem Taubenschlag. Eigene Familie und wildfremde Menschen, die von ihr gehört hatten und sie kennenlernen wollten, waren Gäste an ihrem großen Tisch unter den mächtigen Buchen vorm Haus. Wir Enkelkinder verlebten dort mit gleichaltrigen Vettern und Cousinen die wunderbarsten Ferien. Es war fast alles erlaubt, denn es ging nach der Devise: Nur was wirklich Sünde ist, ist verboten. So lebten wir dort in herrlichster Freiheit. Wir durften auf dem Speicher in alten Sachen wühlen und uns verkleiden, durften schlafen, solange wir wollten, um uns dann an den Frühstückstisch mit den ungezählten selbst gekochten Marmeladen zu setzen. Wir durften wandern oder im Garten unsere Wettrennen ums Haus veranstalten, wir durften singen oder Krach machen – die Großmutter hatte an allem ihre Freude. Wir kamen aus der Stadt, und sie hatte den großen Wunsch, uns magere Persönchen ordentlich herauszufüttern. Zum Dank pflückten wir ihr ab und an einen schönen Wiesenblumenstrauß oder putzten ihr ihre Brille, damit sie ihre täglichen vier Kapitel in der Bibel wieder besser lesen konnte.

Es liegt ein leuchtender Glanz über der Erinnerung an diese Kinderferien.

Jahre später ging ich nach Tübingen zum Studium. Das war für Großmutter doch ein Grund, bedenklich ihr weises Haupt zu schütteln. Ein „studierts Mädle"! Das war nicht so ganz nach ihrem Sinn. Doch dieser „Makel" wurde schnell aufgehoben durch die Tatsache, dass ich nun in ihrer Nähe lebte und öfter einmal zu ihr kommen konnte. Auch meine Freunde waren immer herzlich willkommen. Selbst, wenn ich allein erschien, war der Tisch übervoll gedeckt. Ich „armes Studentlein" musste doch „was Rechts" in den Magen bekommen und für die nächsten vierzehn Tage auf Vorrat speisen! Neben der leiblichen Speise gab es dann die geistliche.

Sie erzählte von Erfahrungen, die sie machte, von Bibelworten, die ihr wichtig wurden, von Menschen, deren Schicksale ihr Herz bewegten. Und sie wollte viel von mir hören, vom Studium und von allen Erlebnissen in der Studentenmission, die ihr sehr am Herzen lag und für die sie, wie ich wusste, vor Gott im Gebet eintrat. Es war niemals auch nur eine Minute langweilig. Zu jener Zeit hatte ich einmal ein paar kleine, persönliche Probleme. So verabschiedete ich mich von ihr mit den Worten: „Großmutter, du kannst diese Woche mal besonders an mich denken. Ich hab's nötig." Sie fragte nicht, was mich bedrückte, sie sah mich nur mit ihrem lieben Lächeln an und sagte: „No will i dir mal e gute Rat gebe: Gut esse – und fescht den Heiland lobe." Damit drückte sie mir noch ein Kuchenpaket in die Hand und winkte mir freundlich nach.

„Gut essen und fest den Heiland loben." Das war ein echter Großmutterrat! Körperliches Wohlbefinden – und dazu gehörte gutes Essen – hielt sie für sehr wichtig. Und „fest den Heiland loben", das lenkte einen fort von den eigenen kleinen Kümmernissen des Tages und zog den Blick auf den Herrn, der uns kennt und liebt, und der auch diese Kümmernisse erträglich machen oder gar wegnehmen konnte.

„Gut essen – und fest den Heiland loben." Ein guter Rat. Probieren Sie ihn doch auch einmal aus!

Georg von Halem

Maikäfer, flieg!

Gestern Abend – ich knabberte gerade an einem zarten grünen Blättchen – kam ein junges Paar durch den duftenden Jenisch-Park geschlendert. Sie ließen sich auf der grünen Bank direkt vor meiner flüsternden Buche nieder und wirkten auf mich wie zwei große glückliche Käfer. Gerade wollte ich mir ein neues Blättchen heranzupfen – eine zarte Knospe von saftigem Aussehen – da ließ das junge Fräulein einen jammervollen Seufzer ertönen, wie ich ihn in meinem ganzen 48-stündigen Leben noch nicht vernommen hatte. Gleich darauf knurrte der junge Mann so mürrisch, als ob bereits der Juni drohte, und dann klagten die zwei über Geld, Arbeit, Wohnungen so negativ und ausdauernd, als ob ihnen der liebe Gott gar keinen lauen Maienabend geschenkt hätte. Weil sie den Duft der Bäume, den Mond und den Ruf der Drossel bei ihrem Lamentieren ganz vergaßen, pumpte ich mich flugs startfertig und flog eine fröhlich brummende Ehrenrunde vor den beiden.

Die junge Frau bemerkte mich als Erste: „Guck mal, ein Maikäfer!“, rief sie erfreut,

„der erste in diesem Jahr.“ Das stimmte zwar nicht ganz – hatte ich doch gerade vorhin auf der Birke zwei ältere Maikäferinnen kennengelernt, aber es schmeichelte mir doch sehr.

„In ein paar Tagen ist er sowieso hinüber“, entgegnete ihr der junge Mann, und das fand ich sehr ungehörig und dumm. Schließlich können ein paar Tage eine lange Zeit voll ungeahnter Entdeckungen und herrlicher Augenblicke sein. Man muss sie nur in vollen Zügen Blatt für Blatt zu genießen wissen. Ja, ich möchte fast behaupten, dass ich aus meinen kleinen Maientagen mehr machen kann als diese Leute aus einem ganzen Jahr voll gigantischer Zukunftssorgen. Man muss nur einen Blick für die schönen Bäume haben, dachte ich, und da fiel mir wieder meine köstliche Buchenknospe ein. Ich ließ die beiden auf ihrer sorgenvollen Bank allein zurück und landete mit einem ausgelassenen Looping auf meiner gastlichen Buche. Arme Zweifüßler! Ob sie überhaupt wissen, wie viel ihnen in ihrem Leben entgeht? Dankbar ergriff ich ein schimmerndes Blättchen und knabberte zärtlich ein anständiges Loch hinein.

Bianka Bleier

Das Gras

Draußen scheint die Septembersonne. Aber ich sehe nur den Berg Hausarbeit, der sich vor mir auftürmt. Erst als mein Mädchen sich seufzend ins Gras sinken lässt, sehe ich, wie wundervoll es draußen ist. Ausgestreckt liegt sie da, und ich bin sicher, dass jeder Zentimeter ihres luftig bekleideten, lebensfrohen Körpers jeden einzelnen feuchtfröhlichen Grashalm unter sich spürt. Ich sehe ihre Zufriedenheit, ich spüre nun auch die Einladung; ich weiß, dass der Sommer zu Ende geht. Dennoch versorge ich erst noch die Wäsche, erledige Anrufe, reinige den Backofen. Bis ich rauskomme, liegt der Garten im Schatten, und die Sonne ist zu anderen Menschen gewandert, ihre Einladung unaufdringlich wiederholend. Ich stehe draußen wie bestellt und nicht abgeholt und habe das Gefühl, mit der Sonne auch das Leben verpasst zu haben. Konnte ich nicht einen Augenblick innehalten?

Folge ich den Einladungen des Lebens, an seinen Festen teilzunehmen, oder bleibe ich außen vor? Klage ich über Überforderung und lehne dennoch Gottes Aufforderung zum Feiern ab?

Das Leben ereignet sich in der Wirklichkeit des Augenblicks. Jeden Tag gibt Gott mir Licht für meine Seele, Boden unter meinen Füßen, Kraft für meine Arbeit, Worte für mein Herz, neues Vertrauen. Duft, Essen, Musik und Blumen, Blumen. Ich will Sonne auf der Haut fühlen. Wind und Regen im Gesicht. Warme, erdige Luft riechen. Den Vögeln zuhören. Schmetterlingen beim Tanzen zusehen. Den Geschmack der ersten Erdbeere kosten. Dem Leben in die Augen blicken. Hinter allem Gott wissen. Ich möchte mein Leben nicht einfach verstreichen lassen. Morgen liege ich in der Sonne.

Heidrun Kuhlmann

Freude suchen – Freude finden

„Geh aus mein Herz und suche Freud …“ – Wenn es einen „Sommerhit“ in den evangelischen Gottesdiensten gibt, dann ist es dieses Lied von Paul Gerhardt.

Es lädt uns ein, Freude zu suchen, das viele Gute wahrzunehmen, das uns umgibt.

Es gibt den Gesang der Vögel im Garten, die üppig blühende Kletterrose auf deiner Terrasse, „Nabucco“ in der Arena von Verona, die weltverändernde Nachricht, dass ein Enkelkind geboren ist. Es gibt den Garten von Schloss Ippenburg, den Blick von Dorf Tirol auf Meran, Sonnenuntergänge zum Verlieben, eine Fahrradtour entlang der Weser, die Entdeckung eines gemütlichen Restaurants, die Friesenhäuser auf Föhr.

Es gibt Erinnerungen, die mir Tränen der Dankbarkeit in die Augen treiben, ein Seminar, bei dem Frauen ihrer inneren Freiheit auf die Spur gekommen sind, den lieben Mann, der mir frisch gesammelte Steinpilze vorbeibrachte, den Grillabend bei Freunden.

Manchmal müssen wir zur Freude gelockt werden, wenn wir feststecken in der Tretmühle des Alltags, in unserer Nabelschau, im Meditieren der Probleme.

Komm, lass uns Freude suchen!

Setz dich aufs Fahrrad und fahr durch die Felder, genieß den Duft und das leuchtende Gelb vom Raps. Das wird deine Stimmung verändern.

Geh schwimmen oder Eis essen, leg dir eine CD mit südamerikanischen Rhythmen auf oder ruf eine Freundin an. Setz dich mit einem Cappuccino in den Garten und freu dich am Lavendel und an den Rosen. Pflück im Gewächshaus die schönsten Tomaten und richte sie an mit Mozzarella, Basilikum und Oliven.

Die Natur bietet unendlich viel Stoff für ein Halleluja.

Paul Gerhardt hatte kein leichtes Leben – umso mehr haben seine Worte Gewicht.

Gib dir einen Schubs und mach dich auf den Weg, verlass für einen Moment dein Haus, deine Aufgaben, deinen Tunnelblick. Bleib nicht hängen bei dem, was dich bedrückt, was dir fehlt, schau auf den, der Himmel und Erde in seiner Hand hält.

Dein Leben ist Freundesland.

Jürgen Werth

Ansteckend gesund

„Nein, geben Sie mir nicht die Hand!" Nanu, so kannte ich Holzmann vom Nebenbüro gar nicht. Sonst immer die Herzlichkeit in Person. Händeschütteln mit den Kollegen gehört für ihn zum festen Morgenritual.

„Was'n los?", fragte ich verdutzt. Und dann sah ich die gerötete Nase, den Seidenschal unterm Kinn. „Ach so. Hat Sie's nun auch erwischt?"

„Aber fragen Sie nicht wie", röchelte er noch und schlich hinter seinen Schreibtisch.

Ja, man muss vorsichtig sein in diesen Tagen. Viren, Bakterien – zu Hunderttausenden geben sie sich ein Stelldichein. Und haben's besonders auf die Regionen abgesehen, mit denen wir unsere zwischenmenschlichen Körperkontakte pflegen. Regelrechte Handbesetzer, diese Biester. Und nicht nur Holzmann signalisiert in diesen Tagen jedem, den er trifft: Achtung, Ansteckungsgefahr. Und da ist man dann ja auch vorsichtig. Wer kann sich schon eine ausgewachsene Grippe leisten?!

Da kommt mir gerade ein komischer Gedanke. Wenn man sich auch andersrum anstecken könnte? Wenn man sich nicht nur gegenseitig krank machen könnte, sondern auch – gesund? Also, dass da jemand nicht ansteckend krank wäre, sondern ansteckend gesund ...

Ist kaum auszudenken, nicht? „Ja, geben Sie mir ruhig die Hand“, würde Holzmann dann sagen. „Bei mir können Sie sich anstecken. Gesund anstecken.“

Dabei gibt's das ja auch – wenn ich zum Beispiel an Horst Hesse denke. Der hat meistens gute Laune. Und wo der auftaucht, da haben die anderen hinterher auch gute Laune. Oder wenigstens: Sie haben bessere Laune als vorher. Der ist ansteckend gut gelaunt.

Und ich? Sie? Was für eine Ansteckungsgefahr geht von uns aus? Ich wäre schon gern ansteckend gesund. Ob so ein Vers wie dieser dazu helfen kann? Aus Psalm 69: „Ich will Gott preisen mit meinem Lied und seine Größe verkünden durch meinen Dank. Die Unterdrückten werden es sehen und sich freuen, und alle, die nach Gott fragen, soll neuer Mut erfüllen.“

Axel Kühner

Wer nicht betet

Ein Bauer ist zu einem Festessen in der Stadt eingeladen. Verwundert erlebt er die heiße Schlacht am kalten Büfett mit. Er sieht, wie die feinen Herren sich begierig ihre Teller füllen und einfach zu essen beginnen. Er bedient sich auch, setzt sich zu Tisch und spricht erst ein Dankgebet. Sein vornehmer Tischnachbar lächelt milde und sagt: „Na, Bauer, du kommst wohl vom Lande. Seid ihr da alle noch so altmodisch und betet bei Tisch?" – „Nein", antwortet der Bauer, „alle nicht." – „Das habe ich mir gedacht. Sicher beten bei euch nur die Alten und Rückständigen", fragt der Mann weiter. „Das nicht", meint der Bauer. „Ich will es Ihnen erklären. Sehen Sie, ich habe im Stall ein paar Sauen mit vielen Ferkeln, die fressen alle so. Aber was bei uns Mensch ist, dankt seinem Schöpfer für alle guten Gaben!"

Die Handhabung der Güter ist eine Vorstufe des Lebens, die Beziehung zum Geber erst ist richtiges Leben. Was uns Menschen von den Tieren unterscheidet, ist nicht der aufrechte Gang oder etwas mehr Verstand – daran könnte man noch zweifeln –, sondern dass wir eine persönliche Beziehung des Dankens zu Gott haben können. Wir Menschen brauchen nicht nur Lebensmittel in der Hand, sondern eine Lebensmitte im Herzen.

Elisabeth Währisch

„Der Lack ist ab"

Der Briefkastenschlitz klapperte. Das freute mich. Meine Familie hält mich für Post-süchtig, und sie hat sogar recht damit. Ich stürzte also zur Haustür und schloss den Briefkasten auf.

Zwei Rechnungen, drei Drucksachen ... und dann der Brief einer älteren Dame, die mir hin und wieder schrieb. Ich wusste, dass es ihr nicht sehr gut ging, aber ich freute mich immer über ihre Briefe, weil sie bei aller Schwere ihres Lebens nie ihren Humor verloren hatte. Ich öffnete den Brief und las: „Seit einigen Tagen habe ich ganz scheußliche Schmerzen im Knie und ich denke, dass es richtiges Rheuma ist. Jetzt gehöre ich also auch zu denen, die humpelnd und stöhnend die Treppen hinaufkommen ... Mir fiel in diesen Tagen ein Wort ein, das man hier bei uns sagt, wenn die Gebrechen des Alters voranschreiten. Dann heißt es: Der Lack ist ab. Ich stelle mir dann immer ein Auto vor, das langsam seinen Lack verliert und verrostet. So sagte ich zu meiner Tochter: ‚Du, bei mir ist es jetzt auch so weit. Der Lack ist ab.' Und weißt Du, wie ihre Antwort lautete? ‚Auch wenn bei einem Auto der Lack ab ist, heißt das immer noch nicht, dass es nicht mehr gebrauchsfähig ist.' Das fand ich richtig gut gesagt. Aber weißt Du, was ich dazu noch besonders tröstlich finde? Dass auch die Autos, bei denen der Lack abblättert, genau wie die andern von der Sonne Gottes beschienen werden. Also habe ich keinen Grund zum Klagen." Als ich vor einiger Zeit einer Bekannten von Beschwerden hier und da erzählte, meinte sie lachend: „Jetzt fehlt Ihnen nur noch ein Griff zum Wegwerfen." Ich lachte mit ihr. Aber dann dachte ich an die alte Dame, bei der der „Griff zum Wegwerfen" viel nötiger gewesen wäre, die sich aber trotz aller Hinfälligkeit keineswegs überflüssig vorkam, weil sie wusste, dass sie in all ihrem Elend von der „Sonne" bestrahlt wurde, von der Liebe Gottes, die ihr Leben trotz allem reich machte.

Phil Bosmans

Er sah nur gute Dinge

Von dem kranken Mann kann ich viel lernen. Ich habe ihn in der Klinik besucht.

Seine Lungen waren zerfressen, weil er jahrelang am Hochofen gearbeitet hatte. Er hatte Flammen geradezu eingeatmet.

Nun hingen um sein Bett Schlangen, die ihn regelmäßig mit Sauerstoff versorgten. „Sauerstoff", sagte er, „ist doch was Gutes, eine richtige Wohltat." Dabei wird mir bewusst, wie ich diese Wohltat ganz selbstverständlich jeden Tag genieße, ohne daran zu denken.

Später lächelte er: „Ein schöner Ausblick hier."

Er schaute zum Fenster, durch das er nur Baumspitzen, ein paar Wolken, ein bisschen Himmel sehen konnte. „Die mich hier versorgen, sind alle sehr gut", sagte er noch. Und schließlich, bevor ich ging: „Es wird schon alles wieder gut werden."

Dabei wusste er genauso gut wie ich, dass seine Lungen nie mehr gesund werden würden.

Von diesem Mann kann ich viel lernen. Selbst in seiner aussichtslosen Situation sah er keine

Katastrophe. Er sah nur gute Dinge. Wie ist das möglich?

Von diesem Mann kann ich lernen zu leben.

Vor allem an Tagen, da mir scheinbar alles schiefgeht, obwohl ich eigentlich über nichts wirklich zu klagen habe.

Paul Gerhardt

Sollt ich meinem Gott nicht singen?

Sollt ich meinem Gott nicht singen?
Sollt ich ihm nicht dankbar sein?
Denn ich seh in allen Dingen,
wie so gut er's mit mir mein'.
Ist doch nichts als lauter Lieben,
das sein treues Herze regt,
das ohn Ende hebt und trägt,
die in seinem Dienst sich üben.
Alles Ding währt seine Zeit,
Gottes Lieb in Ewigkeit.

Wie ein Adler sein Gefieder
über seine Jungen streckt,
also hat auch hin und wieder
mich des Höchsten Arm bedeckt,
alsobald im Mutterleibe,
da er mir mein Wesen gab
und das Leben, das ich hab
und noch diese Stunde treibe.
Alles Ding währt seine Zeit,
Gottes Lieb in Ewigkeit.

Wenn ich schlafe, wacht sein Sorgen
und ermuntert mein Gemüt,

dass ich alle liebe Morgen
schaue neue Lieb und Güt.
Wäre mein Gott nicht gewesen,
hätte mich sein Angesicht
nicht geleitet, wär ich nicht
aus so mancher Angst genesen.
Alles Ding währt seine Zeit,
Gottes Lieb in Ewigkeit.

Weil denn weder Ziel noch Ende
sich in Gottes Liebe find't,
ei so heb ich meine Hände zu dir,
Vater, als dein Kind,
bitte, wollst mir Gnade geben,
dich aus aller meiner Macht
zu umfangen Tag und Nacht
hier in meinem ganzen Leben,
bis ich dich nach dieser Zeit
lob und lieb in Ewigkeit.

Elisabeth Währisch

Machen wir es Mirjam nach

Mehr als drei Stunden lang hatte ich mich mit den älteren Kindern in der Stadt aufgehalten. Es war Ausverkauf, an den Kassen drängten sich die Massen, überall musste man lange warten. Nun wurde ich unruhig. Mirjam hatte zu Hause bleiben und lieber spielen wollen.

Hoffentlich war es ihr nicht zu langweilig geworden. Wer wusste, auf welche dummen Gedanken sie dann vielleicht kam.

So hetzten wir in Eile nach Hause. Als wir die Wohnung betraten, saß die Siebenjährige am Küchentisch. Sie hatte sich ihr Puppenhaus geholt und spielte selbstvergessen und vergnügt vor sich hin. Ich atmete auf. „Ist es dir nicht langweilig geworden?", fragte ich sie.

„Nee", meinte sie erstaunt, „ich spiel doch so richtig schön. Und weißt du was? Ich bin noch lange nicht fertig, ich bin erst am Mittag des ersten Tages. Da kannst du mal sehen, wie lange das noch dauert", freute sie sich. Christina lachte. „Ich glaube, die ist immer froh. Und da hast du dir schon Sorgen gemacht." Ja, unsere Tochter nahm jede Gelegenheit wahr, sich zu freuen.

Musste sie alleine spielen, weil keiner Zeit für sie hatte, konnte sie stundenlang im halbdunklen Garten umherlaufen und mit verstellter Stimme Selbstgespräche führen. „Ich hab richtig schön gespielt", wusste sie dann hinterher zu berichten, „ich war ganz verschiedene Personen."

War sie mit den Geschwistern oder ihren vielen Freunden zusammen, kam sie anschließend ganz angetan ins Haus. „Das war schön mit denen zusammen, wir haben Familie gespielt, und ich durfte die Mutter sein." Manchmal beneidete ich sie geradezu um ihre positive Lebenseinstellung. Bei Regenwetter genoss sie das Abenteuer, in Regen und Wind spazieren zu gehen, kam die Sonne wieder heraus, freute sie sich an der Möglichkeit, wieder draußen spielen zu können.

Konnte man nicht mehr nach draußen, weil es zu kalt oder regnerisch war, genoss sie intensiv die Gemütlichkeit des Zimmers. Eines Tages kam es ihr selbst zum Bewusstsein.

„Wisst ihr was?", sagte sie, „ich glaube, ich bin ein komischer Mensch. Ich hab immer was zum Freuen. In der Schulzeit freue ich mich jeden Tag auf die Schule und dann auf die Ferien, in den Ferien freue ich mich, dass ich frei habe, die ganze Woche freue ich mich auf den Sonntag und sonntags wieder auf die Woche – ich glaube, ich bin ein richtiger Freudenmensch." Ja, das war sie.

Wer von uns wollte das nicht sein? Wenn ich es mir richtig überlege, könnten wir es genauso gut haben. „Freuet euch in dem Herrn allewege", heißt es einmal in der Bibel. Wenn wir diesen Herrn kennen, könnten wir es Mirjam nachmachen:

Am Sonntag uns auf die Aufgaben des Alltags freuen, in der Woche Vorfreude auf den Ruhetag haben, in Gesundheit uns am Leben freuen, in Krankheit glücklich darüber sein, dass Gott bei uns sein will, in glücklichen Zeiten dankbar sein, in schweren Zeiten auch in der Tiefe in Gott geborgen sein. Ja, Grund genug zum Freuen hätten wir. Machen wir es Mirjam nach!

Vergiss nicht, was Gott dir Gutes getan hat

Walter Feldkirch

Im Rückspiegel

Als ich vor vielen Jahren meinen Führerschein machte, musste ich auch lernen, in den Rückspiegel zu schauen. Das war gar nicht so einfach, wie ich es mir vorgestellt hatte. Denn man musste ja zur gleichen Zeit rückwärts und vorwärts blicken – und außerdem noch fahren. Mein Fahrlehrer meinte damals, ich müsse „wie aus den Augenwinkeln" nach hinten sehen, aber vor allem das Geschehen auf der Straße vor mir im Auge behalten.

Inzwischen bin ich älter geworden, habe manchen Kilometer gefahren und manchen Blick in den Rückspiegel getan. Und ich habe die Erfahrung gemacht: Je älter wir werden, desto mehr schauen wir zurück, leben in der Erinnerung. Bei besonderen Anlässen, etwa bei Geburtstagen und Jubiläen, rasten wir wie Wanderer an einem Meilenstein und blicken auf die hinter uns liegende Wegstrecke.

Nun kann uns die Erinnerung an die Vergangenheit so gefangen nehmen, dass wir darüber untüchtig für die Bewältigung der Gegenwart werden.

Ich denke an jene Frau, die über Jahre hinweg den Tod ihres Mannes nicht verwinden konnte. Sie wurde mit dem Alleinsein nicht fertig. Auf der Kommode stand das Bild des Verstorbenen. Daneben immer ein Strauß frischer Blumen. Und täglich hielt sie mit dem Bild Zwiesprache. Was ihr Herz bedrängte, teilte sie dem toten Ehemann mit. Ja, sogar in ihren Entscheidungen, die sie zu treffen hatte, beriet sie sich mit ihm. Wenn der Pastor sie besuchte, klagte sie über den Verlust des Weggefährten und haderte mit Gott. Sie lebte nur noch in der unbewältigten Vergangenheit. Es war unmöglich, ihr zu helfen.

Sind wir nicht alle in der Gefahr, dass uns die Erinnerungen an die Vergangenheit so gefangen nehmen und belasten, dass wir der Versuchung erliegen, ein rückwärts gewandtes Leben zu führen? Wir loben kritiklos die „gute alte Zeit“. Der Gegenwart aber begegnen wir kritisch, und allem Neuen misstrauen wir argwöhnisch. Darüber verträumen wir das Heute und versäumen das Morgen.

Das ist eine notvolle Anfechtung des Alters.

Da ist mir die Erinnerung an den Rückspiegel zu einer heilsamen Hilfe geworden.

Sollten wir nicht dem Autofahrer gleichen und die Vergangenheit wie im Rückspiegel sehen? Das würde bedeuten, dass wir beim Rückwärtsschauen uns nicht an das Vergangene verlieren, sondern unbeirrt den Blick nach vorne richten und uns vorwärts bewegen auf das Ziel zu.

Erinnerungen an vergangene Zeiten können ein Reichtum sein, den wir nicht verlieren möchten. Lebens- und Glaubenserfahrungen dürfen sich in Dank und Vertrauen zu Gott verwandeln. Ja, sie gleichen einem wertbeständigen Goldbarren, den man in Notzeiten einlösen kann, um Kapital zu haben für die Aufgaben der Gegenwart. Dann können wir mit Asaph sagen: „Ich gedenke der alten Zeit, der vorigen Jahre“ (Psalm 77,6). Wir dürfen aber mit Paulus hinzufügen: „Ich vergesse, was dahinten ist, und jage nach dem vorgesteckten Ziel“ (Philipper 3,13-14).

Axel Kühner

Eine Summe Freude

„Wie mit den Lebenszeiten,
so ist es auch mit den Tagen,
keiner ist uns gut genug,
keiner ist ganz schön,
und jeder hat, wo nicht seine Plage,
doch seine Unvollkommenheiten.
Aber rechne sie zusammen,
so kommt eine Summe
Freude und Leben heraus!"
(Friedrich Hölderlin)

Ein Trost des Alters besteht darin, dass wir uns auf die Summe Freude unseres Lebens besinnen: auf die vielen erfüllten Tage, Begegnungen, Erfahrungen, das bewusst Genossene und das tapfer Erlittene, was gelungen ist und was wir geschafft haben, wo wir aus Fehlern gelernt und am Scheitern gereift sind. Nichts, was ein Leben wirklich ausmacht, hat gefehlt, Lachen und Weinen, Erfüllung und Enttäuschung, Gewinnen und Verlieren, Freude und Leid, Hoffen und Bangen, Sich-Finden und Sich-Trennen, Stärke und Schwäche, Jugend und Alter, Gesundheit und Krankheit,

Gemeinsamkeit und Einsamkeit. All das hat es in meinem Leben gegeben und gehört nun zu meiner Geschichte. Und in allem war Gottes Gegenwart zu erfahren, zu glauben, zu bewahren.

Zu dem Trost des richtig gelebten Lebens kommt dann noch die Hoffnung auf eine letzte Erfüllung des Lebens in Ewigkeit. So hat das Alter einen doppelten Trost: richtig leben vor dem Tod und ewig leben nach dem Tod. Und beides aus Gottes großer Güte. Denn das Bitterste am Sterben wäre, nicht richtig gelebt zu haben und nicht ewig leben zu können!

Gerdi und Claus-Dieter Stoll

Der rote Faden in unserer Lebensgeschichte

Wir im „Club der Fünfziger und Sechziger" haben die Weltkriege in unserem Land größtenteils nicht mehr miterlebt. Wir sind in der Zeit danach, in der Aufbauphase geboren worden und aufgewachsen. Viele von uns wurden nur von einem Elternteil erzogen, weil der Vater im Krieg vermisst oder gefallen war.

Verzicht, vielleicht auch Flucht, Entbehrung, bis über die Grenzen anpacken, mit den Möglichkeiten auskommen – davon waren bei vielen von uns die Kinderjahre geprägt. Unsere Kinderzimmer, wenn es sie überhaupt gab, waren nicht mit Spielzeug überladen. Wir kannten noch keine Computerspiele, surften nicht im Internet. Der Fernseher in schwarzweiß war eine Sensation unserer Jugendjahre.

Urlaubsreisen konnten sich unsere Eltern nicht ohne Weiteres leisten. Wir entdeckten unsere Heimat bei Tagesausflügen.

Im Besitz eines Autos zu sein, war ebenfalls keine Selbstverständlichkeit. Das eigene Fahrrad oder öffentliche Verkehrsmittel brachten uns genauso ans Ziel.

Ein eigenes Buch war ein Privileg. Als Kinder und Jugendliche hatten wir wirklich noch Zeit zum Lesen.

Die Angehörigen unserer Großfamilien waren noch näher beieinander. Onkel und Tante, Großmutter und Großvater konnte man besuchen, ohne eine große Reise unternehmen zu müssen. Unsere Väter mussten im Beruf noch nicht so mobil sein. Sie verbrachten keine vielen Stunden in Staus auf der Autobahn.

Können wir uns an Feierabende in unseren Familien erinnern?

Im Schulunterricht spielte der Fortschrittsgedanke eine große Rolle. Aufschwung, Wachstum, ein neuer friedlicher Lebensraum, in dem sich jeder entfalten und verwirklichen kann, weckten Hoffnung auf die Zukunft. Als junger Mensch konnte man annehmen, dass wir auf dem Weg zu einem irdischen Paradies seien.

Ende der Sechzigerjahre wurden Parolen laut, die Freizügigkeit im Beispiel der Sexualität proklamierten und sich gegen Autoritäten auflehnten. Es war die Geburtsstunde der antiautoritären Erziehung. Bisherige Werte wurden infrage gestellt. Vieles wurde gleichgültig und damit entwertet.

In dieser Zeit standen wir bereits selbst in der Ausbildung, starteten in unseren Beruf, gründeten Familien. Das Leben hatte uns im Griff. Der Wohlstand lockte uns. Unsere Lebensqualität stieg. Es nahm aber auch die Versuchung zu, uns mehr als notwendig von diesem Wohlstand verführen zu lassen.

In der Zeit des Zweiten Weltkriegs und auch danach hatten die Menschen das Bedürfnis, nach Gott zu fragen. Das gab Kraft, sich den Herausforderungen der Zeit zu stellen.

Je mehr der Wohlstandsgedanke bei uns Fuß fassen konnte, desto mehr konzentrierten wir uns selbst darauf, dass wir optimal leben konnten. Geld, Karriere, Erfolg und Vergnügen waren nicht zu unterschätzen. Wie oft kam dadurch so manche Beziehung unter die Räder. Und die Frage nach Gott trat in den Hintergrund.

Die Sehnsucht nach dem Paradies auf Erden wurde ein Reinfall. Spätestens in Krisenzeiten, ob weltpolitisch oder im persönlichen Bereich auf gesundheitlicher, beruflicher oder beziehungsmäßiger Ebene, kam Gott, den man vergessen hatte, wieder in den Sinn und der Gedanke nistete sich ganz schnell ein: „Wie kann der da oben all das Schreckliche zulassen?“ Und schon stand man mit ihm, ohne ihn richtig zu kennen, auf Kriegsfuß. Man schob Gott die Schuld für die eigene Misere zu.

Im Rückblick wird sich wohl jede und jeder in einer der beschriebenen gesellschaftlichen Entwicklungsphasen mehr oder weniger wiederfinden können: mit ganzer Überzeugung oder in kritischer Auseinandersetzung, vielleicht auch im unreflektierten Mitläufertum.

Im „Club der Jungsenioren" können uns im Rückblick auf unser Leben Schuppen von den Augen fallen. Aus dem Abstand heraus nehmen wir uns kritischer wahr. Der Blick für Wesentliches wächst.

Kann es nicht sein, dass uns jetzt allmählich aufgeht, dass es schwere Zeiten gab, die wir aber nicht nur alleine bewältigt haben? Da war eine Hand, die uns bewahrt und gehalten hat.

Gottes Hand im eigenen Leben wie einen roten Faden zu entdecken, lässt dankbar werden. Und dafür liegt im Heute die beste Chance.

Elisabeth Währisch

China und die Neunzigjährige

Als wir auf dem Flughafen der Elf-Millionen-Stadt Schanghai landeten, wussten wir, dass wir nun für drei Wochen in eine uns völlig fremde Welt eintauchen würden. Unsere Tochter und ihr Mann holten uns am Flughafen ab. Ohne sie wären wir in dem Menschenstrom untergegangen, hätten uns verloren in dem Sprachengewirr, das wir nicht verstanden, unter den fremden Schriftzügen, die wir nicht entziffern konnten. Von nun an sagten wir nur noch „Ni hao" statt „guten Tag" und „xiexie" statt „danke", aßen die köstlichen chinesischen Gerichte nur noch mit Stäbchen und bewegten uns nur noch unter Chinesen. Unsere Reise fiel ja in eine Zeit, als China gerade erst zögernd anfing, sich dem Tourismus zu erschließen. So umlagerten uns immer wieder, wenn wir aufs Land hinausfuhren, große Menschenmassen, denen in ihrem Leben noch keine „Langnasen" begegnet waren. Für sie hatten wir echten Seltenheitswert! Am eigenen Leib erlebten wir die erbärmliche Wohnsituation der Chinesen mit, hervorgerufen durch das unvorstellbare Wachstum dieses

Riesenvolkes. Dass jede Familie sich nur noch auf ein Kind beschränken darf, war uns vorher als ein unmenschliches Gesetz erschienen. Doch nachdem wir die erdrückende und kaum vorstellbare Menschenfülle in den Straßen erlebten, mussten wir umdenken lernen.

Vieles war uns fremd: Die konzentrierte morgendliche Gymnastik der Menschen in den Parks, die Gewohnheit der alten Männer, ihre geliebten Singvögel in den Käfigen an die Bäume zu hängen, während sie ihren Morgenplausch hielten, die Riesenstatuen vor den Königsgräbern, die felsenreichen und mit Zick-Zack-Wegen versehenen großen Gärten in Suzhou, die Zehntausende von Fahrradfahrern, die in Nanjing die Straßen verstopften, und vor allem die oft so völlig andere Denkweise dieser Menschen.

Vieles faszinierte uns: Peking mit seiner verbotenen Stadt, dem wunderbaren Himmelstempel und dem Sommerpalast, die große Mauer, die sich, Tausende von Kilometern lang, unabsehbar in den Bergen verlor, und der tote Mao, der wie schlafend in seinem Mausoleum lag, täglich von Tausenden von Menschen besucht. Die chinesischen Sprachkenntnisse von Tochter und Schwiegersohn, die dort im Auftrag einer von chinesischen

Christen gegründeten Stiftung an der Universität Deutsch lehrten, eröffneten uns Bereiche, in die Ausländer sonst kaum hineinkamen: Teehäuser, buddhistische Tempel und Klöster oder alte Wohnviertel in Schanghai. So konnten wir auch das theologische Seminar in Nanjing besuchen, das während der Kulturrevolution Sitz der Roten Garden war. Nun sammelten sich dort wieder junge Menschen, die, von ihren Heimatgemeinden gesandt und unterstützt, die Bibel studierten. Das Interesse der Studenten an Deutschland und seiner Entwicklung überraschte uns, doch die meiste Faszination ging für uns von den überfüllten Gottesdiensten aus. Man spürte die Freude der Menschen, nun wieder frei und offen ihren Glauben bekennen zu können. Konzentriert verfolgten viele die Predigten, oft mit dicken Bibeln auf dem Schoß, um den Predigttext mitlesen zu können.

Wir sahen alte, geprägte Gesichter und wussten: Diese Menschen hatten im Untergrund die lange Zeit der Verfolgung überstanden, waren ihrem Glauben treu geblieben, auch in notvollen Zeiten. Die mehr als tausend Abendmahlsgäste in der riesigen, erst wieder im Aufbau begriffenen Kirche in Schanghai nahmen uns hinein in die Gemeinschaft der Glaubenden. Was machte es da, dass wir kein Wort verstanden? Oft klingelte nach unserer Heimkehr das Telefon. „Wir haben gehört, dass Sie in China waren. Könnten Sie nicht mal in unsere Gemeinde kommen und berichten?"

Es gab nichts, was wir lieber getan hätten! Unvergesslich bleibt mir ein Nachmittag in einer zentralen Frauenversammlung. Viele junge und ältere Frauen hörten zu, fragten nach und bekundeten ihr Interesse. Erfüllt von allem Erleben hatte ich möglichst viel von meinen neu gewonnenen Erfahrungen weiterzugeben versucht.

Als ich später die Dias zusammenpackte, standen noch einige Frauen um mich herum, um persönliche Fragen loszuwerden.

Ganz am Schluss trat eine alte Frau auf mich zu. „Ich möchte Ihnen danken für diesen Nachmittag", sagte sie. „Er war für uns alle so wichtig. Wissen Sie, ich bin jetzt neunzig Jahre alt, meine Augen wollen nicht mehr so richtig, so habe ich viele Ihrer Bilder nicht erkennen können. Und mein Gehör hat auch sehr nachgelassen, sodass ich vieles nicht verstehen konnte von dem, was Sie erzählt haben. Das tut mir leid. Aber das, was ich verstehen und erkennen konnte, war mir sehr wertvoll, denn nun weiß ich ein wenig mehr über China, und nun kann ich auch viel gezielter für die Christen dort beten. Das ist mir alles nun sehr wichtig geworden."

Zuerst musste ich ein wenig lächeln. Sie hatte kaum etwas erkannt und vieles nicht verstanden; und doch war dieser Nachmittag für sie nicht umsonst gewesen! Als ich in meinem Wagen saß und heimwärts fuhr, wurde mir klar: Diese Frau lebt richtig.

Natürlich leidet sie, wie viele alte Menschen, an ihren Gebrechen, die ihr Leben einschränken. Aber der Dank für all das, was sie noch erleben kann, überwiegt die Klage. Dieser Nachmittag hatte gezeigt: Trotz ihrer körperlichen Beschwerden besaß sie eine Glaubensweite, die erstaunen ließ, die den Blick für die Gemeinde Jesu in aller Welt nicht verloren hatte. Durch ihr Gebet nahm sie aktiv teil an allem Geschehen und vergaß darüber die Sorgen um ihr eigenes Ergehen. Hätte ich mir eine dankbarere Hörerin vorstellen können?

So wirklich „weitblickend" möchte auch ich alt werden ...

Hanna Ahrens

So segnet keine andre Hand

Unser Gedächtnis arbeitet merkwürdig: Schweres und Schmerzliches behält es jahrelang. Schöne Erlebnisse werden hingegen schnell vergessen und von anderen Erfahrungen überlagert.

Ich denke an Frau Martens. Wir trafen uns zu einem Wochenende in der Nähe von Marburg. Sie war im Vorjahr auch dabei gewesen. Es hatte den Teilnehmerinnen gut gefallen. Als Frau Martens mich sah, war das Erste, was sie sagte: „Ach ... wissen Sie noch letztes Jahr? Da waren die Kartoffeln so schlecht gekocht!" Unerfreuliches prägt sich offenbar tiefer ein.

Psalm 103 – ein altes Lied – fordert uns auf, das Gute im Gedächtnis zu behalten und dafür zu danken: „Lobe den Herrn, meine Seele, und vergiss nicht, was er dir Gutes getan hat."

An das „Gute" denken wir vielleicht am Geburtstag, am Ende des Jahres, an einem Hochzeitstag oder bei anderen besonderen Ereignissen. Dann empfinden wir Dank und sagen: Für deine Bewahrung, für so viel Segen und Glück danke ich dir, Herr! Oder kürzer: Gott sei Dank bin ich gesund geblieben!

Ich habe Glück gehabt bei dem Unfall. Ich bin gnädig davongekommen. Ein Glück, dass ich das Examen geschafft habe!

In all dem klingt an, dass der Segen des Himmels ganz unverzichtbar ist.

So stand es früher an den Häusern: „An Gottes Segen ist alles gelegen."

Ganz besonders gesegnet wusste sich Matthias Claudius. Er schrieb für seine Frau Rebekka zur Silberhochzeit ein Gedicht. Da heißt es mittendrin:

„Ich war wohl klug, dass ich dich fand,
doch fand ich nicht. Gott hat dich mir gegeben.
So segnet keine andre Hand."

Die Liebe zu seiner Frau war so groß, dass er sich sogar wünschte, er wäre schon bei ihrer Geburt dabei gewesen:

„Wo war ich doch vor dreißig Jahr,
als deine Mutter dich gebar?
Wär' ich doch da gewesen!
Gelauert hätt' ich an der Tür
auf dein Geschrei, und für und für
gebetet und gelesen."

Dankbar ist Matthias Claudius für den vielfältigen Segen Gottes in seinem Leben: für seine große Familie, für Bewahrung und Hilfe, für die Schönheit der Schöpfung. Die Wunder der Natur sollen wir mit wachen Sinnen wahrnehmen. So schreibt er in einem Morgenlied:

„Kommt, Kinder, wischt die Augen aus,
es gibt hier was zu sehen ..."

Aber Segen ist nicht immer sichtbar. Segen kann heißen – und das zeigt die Abrahamsgeschichte –, dass einer im Vertrauen auf Gott alles hergeben muss und dann alles überreichlich zurückbekommt.

Wer dem folgt, was er als Ruf von Gott vernommen hat („Geh in ein Land, das ich dir zeigen werde"), der hat Leben und Zukunft. Gesegnetes Leben.

Segen setzt in Bewegung. Gott mutet uns zu, das Gewohnte, Abgesicherte und Bequeme zu verlassen und zu tun, wozu er uns ruft. Wir haben Bedenken: Ich bin zu jung. Zu alt. Zu schwach. Zu schwach auch im Glauben. Aber Gott sagt: Steh auf und geh! Ich bin an deiner Seite.

Mir hilft es zu wissen, dass Gott immer schon da ist, wohin er uns sendet. Dass er

Wege ebnet und Türen öffnet. Und wenn Menschen dann ein wenig zuversichtlicher und mutiger werden, weil sie darauf vertrauen, dass Gott dieses Leben mit uns lebt, dann freue ich mich und danke Gott für so viel Segen. Welche Gnade ist es, leben zu dürfen und Gottes Zuwendung und Treue immer neu zu erfahren.

So segnet keine andre Hand.

Elisabeth Währisch

Kinder sind Schätze

„Und als der Peter die Kiste öffnete, was war darin?“ Vier Augenpaare schauen mich gespannt an. Ich lese den Kindern oft vor, abends vorm Abendbrot. Dann sitzen wir gemütlich gemeinsam auf dem Sofa und sie wünschen sich die „Häschenschule“ oder den „Teddy Brumm“. Nun aber ist es anders. Eins der Kinder brachte eine Reklamezeitschrift mit nach Hause und bettelte: „Mama, liest du uns das mal vor?“

So unterbreche ich meine Kocherei für einen Moment, wir hocken uns um den Küchentisch und betrachten uns interessiert die bunten Bilder. Dann fange ich an zu lesen von Peter, diesem Glückspilz, der am Strand eine große, geheimnisvolle Kiste findet. Er möchte sie natürlich öffnen. Und tatsächlich, es gelingt ihm! Ja, und nun kam's: „Als der Peter die Kiste öffnete, was war darin?“ Die nächste Bildunterschrift bringt uns die Antwort: „Schätze, herrliche Schätze, Gold, Schmuck und Edelsteine.“ Einen Augenblick herrscht bewunderndes Schweigen. Plötzlich sagt Christina, gerade sechsjährig, in die Stille hinein: „Aber das sind doch keine Schätze."

Ich bin verblüfft. „Keine Schätze?", frage ich, „wieso nicht? Was sind denn Schätze?" Und wie aus der Pistole geschossen kommt die Antwort: „Kinder." Kinder? Ja, Kinder!

Meine anfängliche Verblüffung weicht einer großen Freude. „Da hast du wirklich recht", sage ich und schließe die Kinder in die Arme. „Kinder sind Schätze, und ihr seid meine allergrößten Schätze." „Aber Gold und Edelsteine hätt' ich auch ganz gerne", murmelt Martin beim Auseinandergehen. Nein, ich brauche weder Gold noch Edelsteine. Mir fällt ein Bibelwort ein: „Kinder sind eine Gabe Gottes, und Leibesfrucht ist ein Geschenk." Mein Herz ist voll Dankbarkeit für diese mir anvertrauten Schätze. Noch mehr aber freue ich mich, wenn ich daran denke, wie lieb Gott diese Kinder hat. Vergessen wir es nie: Kinder sind Schätze. Unbezahlbar!

Walter Feldkirch

Wachsender Dank

Zu meiner ersten Gemeinde, der ich als junger Pastor dienen durfte – sie war nahe bei Königsberg im ehemaligen Ostpreußen –, gehörten mehrere wohlhabende Bauern. Es war für sie Herzenssache, zum Erntedankfest in unserem Gotteshaus einen reich beladenen Erntedanktisch herzurichten. In der Mitte vor dem Gabentisch prangte jedes Jahr, von zwei Korngarben eingerahmt, ein großer Kürbis, rund und schön gewachsen. Aber das Besondere an ihm war: Er trug die Inschrift „Danket dem Herrn".

Dieser Erntedankkürbis hatte seine Geschichte. Wenn auf den Feldern die Kürbisse anfingen sich zu runden, suchte man den schönsten aus. Dann ritzte der Bauer mit einem Messer die Inschrift ein. Die Buchstaben vernarbten und mit dem Kürbis wuchs die Inschrift „Danket dem Herrn". Meistens waren es mehrere Bauern, die einen solchen Erntedankkürbis herrichteten. Der schönste wurde dann ausgewählt, um im Gotteshaus den Ehrenplatz einzunehmen.

Dieser Erntedankkürbis wurde mir zu einem Gleichnis für den wachsenden Dank im

Menschenleben. Rechtes Altwerden heißt Wachsen und Reifen. Und mit zunehmendem Alter sollte unsere Dankbarkeit wachsen wie der Dankspruch im Erntedankkürbis.

Nun besteht aber die Gefahr, dass wir mit wachsenden Jahren mehr und mehr selbstsüchtig und undankbar werden. Woher kommt das? Unser Horizont wird enger. Wir kommen immer seltener aus unseren vier Wänden heraus. Darum dreht sich alles um unser eigenes Ich: unsere Appetitlosigkeit, unsere Vergesslichkeit, unsere Schlaflosigkeit, unsere ... Wenn zwei Senioren sich auf der Bank im Park treffen, klagen sie sich gegenseitig ihre Krankheiten. Die Wartezimmer mancher Ärzte werden zu einem Altentreff, wo Rentner das gleiche Klagelied vielstimmig singen.

So wachsen Klage, Undankbarkeit und Verbitterung. Wir vergessen Gottes Wohltaten, aber – das unfreundliche Wort der Nachbarin vergessen wir nicht. Darum ist es dringend notwendig, dass wir mit unseren Gedanken zu jenem Erntedankkürbis zurückkehren und seine Predigt beherzigen: Danket dem Herrn! Wachsender Dank!

Wenn man die 150 Psalmen nacheinander liest, macht man eine wichtige Beobachtung. Je weiter es zum Ende des Psalmenbuches geht, desto mehr verstummen die Klagen und Bitten der Psalmensänger. Aber das Gotteslob wird immer lauter und umfangreicher. Posaunen und Harfen jubeln mit, bis alles in den weiten Ozean des Dankens und Lobens mündet: „Alles, was Odem hat, lobe den Herrn! Halleluja!" (Psalm 150,6).

Wachsender Dank! Was Bodelschwingh sich für sein Altwerden wünschte, hat er einmal so ausgedrückt: „Jeden Tag ein Klagelied weniger und ein Loblied mehr."

Und ein im Glauben gereifter Vater in Christus hat gesagt: „Christen wohnen in der Dankesgasse Nr. 1."

Gott will uns die Augen öffnen, dass wir erkennen, wofür wir zu danken haben.

Dass wir Vergebung der Sünden haben, dass der Herr alle unsere Gebrechen heilt, dass auf uns eine ewige Heimat wartet – ist das nicht Grund zum Dank?

Ja, ist nicht jeder Tag, den wir im Alter erleben dürfen, ein Gottesgeschenk? Gewiss, deine Sehkraft lässt nach. Aber hast du Gott schon für deine Brille gedankt und dafür, dass du nicht erblindet bist?

Gewiss, du kannst nicht mehr so gut hören. Das belastet dich. Aber hast du nicht ein Hörgerät? Freilich, du darfst es nicht aus Bequemlichkeit oder gar aus Eitelkeit in der Kommode liegen lassen. Benutze es und sei dankbar!

Und anstatt im Urlaub zu klagen, dass du den steilen Weg bergan nicht mehr schaffst, gehe dankbar den ebenen Weg durch den Park und freue dich an Blumen und Vögeln!

Erinnere dich an die schwere Krankheit, von der du wieder genesen bist. Vergiss nicht, was er dir Gutes getan hat!

Denke an die Schwierigkeiten, in denen sich deine Kinder befanden. Wie ernst hast du in schlaflosen Nächten für sie gebetet, und Gott hat deine Gebete erhört. Vergiss nicht, was er dir Gutes getan hat!

Überdenke doch einmal in einer stillen Stunde, wofür du Gott Dank schuldig bist. Schreibe die Gründe auf ein Blatt Papier und lege es als Lesezeichen in deine Bibel zu Psalm 103.

Wie unerträglich sind undankbare und unzufriedene Menschen. Wie wohltuend aber ist es, alten Menschen zu begegnen, die Güte und Dankbarkeit ausstrahlen. Menschen, in deren Leben das wunderbare Geheimnis des Erntedankkürbisses Wirklichkeit wurde: Sie reiften mit wachsendem Dank!

Axel Kühner

Nicht Ende, sondern Ernte

Ein Bauer bestellt im Frühjahr seine Felder und bringt das kostbare Saatgut in die Erde. Alles Säen geschieht auf eine Ernte hin. Und wenn nach einem Sommer des Reifens und Wartens das Korn geschnitten, das Obst gepflückt und die Bodenfrüchte geerntet werden, sind das keine traurigen Tage. Denn Wachsen und Reifen sind nicht das Ende, sondern die Ernte. Niemand weint, weil reife Früchte abgenommen werden, Getreide geschnitten und gemahlen wird. Früchte einbringen ist immer Anlass für ein frohes Erntefest.

Unser Leben ist ein Wachsen und Reifen. Dass es nach einem bunten Lebenssommer einmal Herbst wird und wir auf eine Ernte zugehen, ist eigentlich nicht traurig, wenn das Leben wie eine reife Frucht von Gott eingesammelt werden kann. Nur eines wäre furchtbar, wenn es Herbst wird, und es ist nichts gewachsen. Ein Herbst ohne Ernte und Früchte ist traurig. Ein Leben, das ausgereift von Gott zurückgenommen wird, das zur Frucht gewachsen und vollendet ist, ist erfüllte Zeit. Erntezeit, Freudenzeit. Dankeszeit, Lebenszeit.

Paul Toaspern

Altwerden

Herr, wir wissen nicht, wie viel Zeit Du uns anvertraust. Unsere Tage sind in Deiner Hand. Aber eines merken wir genau, dass wir von Tag zu Tag, von Jahr zu Jahr dem Ziel unseres Lebens näherkommen.

Herr, ich denke manchmal darüber nach, wie das sein wird, wenn hier das Leben so weitergeht wie immer –, aber ich bin nicht mehr da. Die Straßenbahnen quietschen um die Ecken. Die Kehrmaschine säubert die Rinnsteine. Im Betrieb geht jeder wie immer seiner Arbeit nach, frühstückt, macht einen Scherz. Der Blaulichtwagen heult die Straße entlang. Im Blumengeschäft gibt es Hortensien, auch bunte Asternsträuße und zum Ewigkeitssonntag Kränze.

Herr, hilf mir, das alles zu sehen im Wissen um das Ziel meiner Wege.

Herr, hilf mir, das Altwerden als ein Reifen zur Vollendung zu begreifen.

Herr, hilf mir zu sehen, dass die eigentliche Lebenskurve ansteigt und nicht fällt.

Herr, hilf mir, auch zum Alter Ja zu sagen, denn es gibt keine Zeit, die nicht Deine Zeit ist und die nicht von Dir Sinn, Auftrag und Erfüllung empfängt.

Herr, hab Dank, dass ich auch im Altwerden noch Dein Kind bleibe und Du mein Vater bist. Lass meine Lippen Dich rühmen, wie Dir Kinder danken.

Axel Kühner

Vergiss das Gute nicht

Ein Mann besaß ein schönes Grundstück mit einem hübschen, wohnlichen Haus darauf. Aber er träumte von einem noch besseren Haus. Schließlich wurde er so unzufrieden, dass er beschloss, sein Anwesen zu verkaufen und sich nach seinem Traumhaus umzusehen. Mit dem Verkauf beauftragte er einen Makler. Nun machte er sich auf die Suche nach einem geeigneten neuen Haus. Eines Tages entdeckte er in der Zeitung ein wunderbares Angebot. Alle Angaben entsprachen seinen Vorstellungen. Als er die näheren Unterlagen anforderte, musste er mit Verwunderung feststellen, dass es sich um sein eigenes Grundstück handelte.

Wir wissen oft gar nicht mehr, was wir an unserem Alltag, an unserer Arbeit und Familie, Haus und Garten haben. Über den wenigen Kleinigkeiten, die fehlen, haben wir die großen Gaben und das viele Gute ganz vergessen. Das verstellt uns den Blick für das Leben, die Freude zieht aus, Unzufriedenheit macht sich breit. Gegen die Macht des Fehlenden, die uns beherrschen und negativ polen will, gibt es eine gute Hilfe:

„Lobe den Herrn, meine Seele, und vergiss nicht, was er dir Gutes getan hat!" (Psalm 103,2)

Quellenverzeichnis

Ahrens, Hanna: Der alte Bücherschrank; in: dies.: Aus Liebe zum Leben. 2. Auflage. Brunnen Verlag, Gießen 2007, S. 75ff. www.brunnen-verlag.de

Ahrens, Hanna: Der untere Rand der Sonne; in: dies.: Zum Glück kommt manchmal was dazwischen. Eine Auswahl der schönsten Kurzgeschichten. 3. Auflage. Brunnen Verlag, Gießen 2005, S. 62f. www.brunnen-verlag.de

Ahrens, Hanna: So segnet keine andre Hand; in: dies.: Aus Liebe zum Leben. 2. Auflage. Brunnen Verlag, Gießen 2007, S. 69ff. www.brunnen-verlag.de

Ahrens, Hanna: Wie gut habe ich es!; in: dies.: Zum Glück kommt manchmal was dazwischen. Eine Auswahl der schönsten Kurzgeschichten. 3. Auflage. Brunnen Verlag, Gießen 2005, S. 16f. www.brunnen-verlag.de

Bierbaum, Bernd: Die Migräne ist weg; in: ders.: Gott steckt dahinter. 366 Erlebnisse, die zum Nachdenken anregen. © 2012 Neukirchener Verlagsgesellschaft mbH, Neukirchen-Vluyn, S. 134.

Bierbaum, Bernd: Die Welt – ein Dorf; in: ders.: Gott steckt dahinter. 366 Erlebnisse, die zum Nachdenken anregen. © 2012 Neukirchener Verlagsgesellschaft mbH, Neukirchen-Vluyn, S. 63.

Bleier, Bianka: Das Gras; in: dies.: Wo Himmel und Erde sich berühren. Meine Gartenleidenschaft. © 2013 SCM-Verlag GmbH & Co. KG, Witten.

Bleier, Bianka: Erntedank; in: dies.: Wo Himmel und Erde sich berühren. Meine Gartenleidenschaft. © 2013 SCM-Verlag GmbH & Co. KG, Witten.

Bleier, Bianka: Vom Aufgang der Sonne ...; in: dies.:

Strandgut. Fundstücke am Meeresufer. © 2014 SCM-Verlag GmbH & Co. KG, Witten.
Bosmans, Phil: Er sah nur gute Dinge; in: ders.: Leben jeden Tag. 365 Vitamine für das Herz. 3. Auflage © 2011 Verlag Herder GmbH, Freiburg im Breisgau, S. 140. Mit freundlicher Genehmigung des Herder Verlags.
Bosmans, Phil: Wem soll ich danken?; in: ders.: Liebe wirkt täglich Wunder. Völlig bearbeitete Neuausgabe. 2. Auflage. © 2002 Verlag Herder, Freiburg im Breisgau, S. 79. Mit freundlicher Genehmigung des Herder Verlags.
Claudius, Matthias: Wir pflügen und wir streuen; in: Evangelisches Gesangbuch. Gütersloher Verlagshaus, Gütersloh; Luther-Verlag GmbH Bielefeld; Neukirchener Verlag des Erziehungsvereins GmbH, Neukirchen-Vluyn 1996, Nr. 508, Strophen 1-4.
Cropley, Gary: Ein rettender Kuss; in: Don Jacobson: Gott kümmert sich um dich. 40 wahre Erlebnisse. © 2015 Gerth Medien GmbH, Asslar, in der Verlagsgruppe Random House GmbH, München, S. 126ff.
Feldkirch, Walter: Im Rückspiegel; in: ders.: Der Pastor und der Elefant … und andere heiter-besinnliche Geschichten von Walter Feldkirch. © 2003 SCM-Verlag GmbH & Co. KG, Witten, S. 23ff.
Feldkirch, Walter: Wachsender Dank; in: ders.: Der Pastor und der Elefant … und andere heiter-besinnliche Geschichten von Walter Feldkirch. © 2003 SCM-Verlag GmbH & Co. KG, Witten, S. 34ff.
Feldkirch, Walter: War es ein Engel?; in: ders.: Der Pastor und der Elefant … und andere heiter-besinnliche Geschichten von Walter Feldkirch. © 2003 SCM-Verlag GmbH & Co. KG, Witten, S. 182f.

Gellert, Christian Fürchtegott: Die Güte Gottes; in: ders.: Werke. Band 1. Herausgegeben von Gottfried Honnefelder. Frankfurt/M.: Insel Verlag 1979, S. 235-237.

Gerhardt, Paul: Sollt ich meinem Gott nicht singen?; in: Evangelisches Gesangbuch. Gütersloher Verlagshaus, Gütersloh; Luther-Verlag GmbH Bielefeld; Neukirchener Verlag des Erziehungsvereins GmbH, Neukirchen-Vluyn 1996, Nr. 325, Strophen 1, 2, 7, 10.

Haaften, Noor van: An der Küste Donegals; in: dies: Dir gehört mein Lob. © 2013 SCM-Verlag GmbH & Co. KG, Witten, S. 20.

Haaften, Noor van: Der Jubel der Natur; in: dies: Dir gehört mein Lob. © 2013 SCM-Verlag GmbH & Co. KG, Witten, S. 58.

Halem, Georg von: Maikäfer, flieg!; in: Axel Kühner: Hoffen wir das Beste. 6. Auflage. © 2005 Aussaat Verlag, Verlagsgesellschaft des Erziehungsvereins mbH, Neukirchen-Vluyn, S. 126.

Kerl, Misty L.: Wildes Winken im Auto; in: ders.: Ein Augenblick genügt. Mit besonderen Momenten das Leben von Kindern bereichern. Wahre Geschichten. © 2014 Gerth Medien GmbH, Asslar, in der Verlagsgruppe Random House GmbH, München, S. 48ff.

Kley, Sabine: Ein aufmerksamer Schöpfer. © Sabine Kley.

Kley, Sabine: Herbstimpressionen; in: dies.: Zwischen Huhn und Himmel. Begegnungen mit Gott im Hühnerstall. Eine Pfarrfrau erzählt. © 2013 Neukirchener Verlagsgesellschaft mbH, Neukirchen-Vluyn, S. 25.

Kley, Sabine: Neue Sichtweisen. © Sabine Kley.
Kuhlmann, Heidrun: Bunt sind schon die Wälder; in: dies.: Blütenpracht und Apfelglück. Meine Liebe zum Land. © 2011 SCM-Verlag GmbH & Co. KG, Witten, S. 62f.
Kuhlmann, Heidrun: Freude suchen – Freude finden; in: dies.: Blütenpracht und Apfelglück. Meine Liebe zum Land. © 2011 SCM-Verlag GmbH & Co. KG, Witten, S. 40f.
Kühner, Axel: Der dankbare Hund; in: ders.: Voller Freude und Gelassenheit. 365 Andachten. © 2011 Neukirchener Verlagsgesellschaft mbH, Neukirchen-Vluyn, S. 68.
Kühner, Axel: Die Wunderpillen; in: ders.: Voller Freude und Gelassenheit. 365 Andachten. © 2011 Neukirchener Verlagsgesellschaft mbH, Neukirchen-Vluyn, S. 132.
Kühner, Axel: Eine Summe Freude; in: ders.: Voller Freude und Gelassenheit. 365 Andachten. © 2011 Neukirchener Verlagsgesellschaft mbH, Neukirchen-Vluyn, S. 160.
Kühner, Axel: Ich danke Gott; in: ders.: Voller Freude und Gelassenheit. 365 Andachten. © 2011 Neukirchener Verlagsgesellschaft mbH, Neukirchen-Vluyn, S. 30.
Kühner, Axel: Nicht Ende, sondern Ernte; in: ders.: Voller Freude und Gelassenheit. 365 Andachten. © 2011 Neukirchener Verlagsgesellschaft mbH, Neukirchen-Vluyn, S. 301.
Kühner, Axel: Nun danket alle Gott; in: ders.: Voller Freude und Gelassenheit. 365 Andachten. © 2011 Neukirchener Verlagsgesellschaft mbH, Neukirchen-Vluyn, S. 259.

Kühner, Axel: Vergiss das Gute nicht; in: ders.: Voller Freude und Gelassenheit. 365 Andachten. © 2011 Neukirchener Verlagsgesellschaft mbH, Neukirchen-Vluyn, S. 162.

Kühner, Axel: Wer nicht betet; in: ders.: Überlebensgeschichten für jeden Tag. 19. Auflage. © 2012 Neukirchener Verlagsgesellschaft mbH, Neukirchen-Vluyn, S. 24.

Müller, Titus: Ein Leben, das Danke sagt; in: ders.: Das kleine Buch für Lebenskünstler. 2. Auflage. Brunnen Verlag, Gießen 2009, S. 22ff. www.brunnen-verlag.de

Schmid, Wieland: Mein 23. Psalm; in: ders.: Das Wunder des Regenbogens. Kurzgeschichten. © 2004 SCM-Verlag GmbH & Co. KG, Witten, S. 76ff.

Stafford, Wess: Nachbarschaftshilfe; in: ders.: Ein Augenblick genügt. Mit besonderen Momenten das Leben von Kindern bereichern. Wahre Geschichten. © 2014 Gerth Medien GmbH, Asslar, in der Verlagsgruppe Random House GmbH, München, S. 28ff.

Stoll, Gerdi und Claus-Dieter: Der rote Faden in unserer Lebensgeschichte; Abdruck mit freundlicher Genemigung aus: Gerdi und Claus-Dieter Stoll: Dankbar leben. © 2010 SCM-Verlag GmbH & Co. KG, D-71088 Holzgerlingen, S. 14ff.

Toaspern, Paul: Altwerden; in: ders.: Mein ganzer Mensch verlangt nach dir. Mit Gott im Alltag sprechen. © 1993 Neukirchener Verlagsgesellschaft mbH, Neukirchen-Vluyn.

Toaspern, Paul: Dank für alles Gute, das wir empfangen; in: ders.: Mein ganzer Mensch verlangt nach

dir. Mit Gott im Alltag sprechen. © 1993 Neukirchener Verlagsgesellschaft mbH, Neukirchen.
Währisch, Elisabeth: China und die Neunzigjährige; in: dies.: Entdeckungen im Alltag. Kurze Geschichten zum Vorlesen und Selberlesen. © 2006 Aussaat Verlag, Verlagsgesellschaft des Erziehungsvereins mbH, Neukirchen-Vluyn, S. 31ff.
Währisch, Elisabeth: „Der Lack ist ab“; in: dies.: Entdeckungen im Alltag. Kurze Geschichten zum Vorlesen und Selberlesen. © 2006 Aussaat Verlag, Verlagsgesellschaft des Erziehungsvereins mbH, Neukirchen-Vluyn, S. 124f.
Währisch, Elisabeth: Ein guter Rat; in: dies.: Entdeckungen im Alltag. Kurze Geschichten zum Vorlesen und Selberlesen. © 2006 Aussaat Verlag, Verlagsgesellschaft des Erziehungsvereins mbH, Neukirchen-Vluyn, S. 122ff.
Währisch, Elisabeth: Eine sichtbare Führung; in: dies.: Entdeckungen im Alltag. Kurze Geschichten zum Vorlesen und Selberlesen. © 2006 Aussaat Verlag, Verlagsgesellschaft des Erziehungsvereins mbH, Neukirchen-Vluyn, S. 118f.
Währisch, Elisabeth: Kinder sind Schätze; in: dies.: Entdeckungen im Alltag. Kurze Geschichten zum Vorlesen und Selberlesen. © 2006 Aussaat Verlag, Verlagsgesellschaft des Erziehungsvereins mbH, Neukirchen-Vluyn, S. 93f.
Währisch, Elisabeth: Liebe H.!; in: dies.: Entdeckungen im Alltag. Kurze Geschichten zum Vorlesen und Selberlesen. © 2006 Aussaat Verlag, Verlagsgesellschaft des Erziehungsvereins mbH, Neukirchen-Vluyn, S. 149ff.
Währisch, Elisabeth: Machen wir es Mirjam nach; in:

dies.: Entdeckungen im Alltag. Kurze Geschichten zum Vorlesen und Selberlesen. © 2006 Aussaat Verlag, Verlagsgesellschaft des Erziehungsvereins mbH, Neukirchen-Vluyn, S. 159ff.

Währisch, Elisabeth: Und das waren Ausländer; in: dies.: Entdeckungen im Alltag. Kurze Geschichten zum Vorlesen und Selberlesen. © 2006 Aussaat Verlag, Verlagsgesellschaft des Erziehungsvereins mbH, Neukirchen-Vluyn, S. 34f.

Werth, Jürgen: Ansteckend gesund; in: ders.: Der Engel auf der Autobahn. Gewöhnliche und ungewöhnliche Geschichten und Erfahrungen. © 2004 SCM-Verlag GmbH & Co. KG, Witten, S. 76f.

Winterhoff, Birgit: Das persönliche Denk-mal; in: dies.: Hoffnung hält lebendig. Impulse für heute und morgen. © 2010 Aussaat Verlag, Neukirchener Verlagsgesellschaft mbH, Neukirchen-Vluyn, S. 133ff. (leicht geändert).

Winterhoff, Birgit: Schön, dass es dich gibt; in: dies.: Hoffnung hält lebendig. Impulse für heute und morgen. © 2010 Aussaat Verlag, Neukirchener Verlagsgesellschaft mbH, Neukirchen-Vluyn, S. 53ff.